Collection
PROFIL LITTÉRATURE
dirigée par Georges Décote

Série
PROFIL D'UNE ŒUVRE

L'Étranger (1942)

CAMUS

ANALYSE CRITIQUE
PAR PIERRE-LOUIS REY
agrégé des lettres

HATIER

SOMMAIRE

Toutes les références à L'Étranger renvoient à la collection « Folio »,
Éd. Gallimard (édition de 1990).

© HATIER, PARIS 1991

ISSN 0750-2516   ISBN 2-218-02940-3

1 Camus et son temps

■■■■ DE LA NAISSANCE AUX DÉBUTS LITTÉRAIRES (1913-1937)

Albert Camus naît le 7 novembre 1913, à Mondovi, près de Bône (actuelle Annaba), en Algérie. Son père est ouvrier dans une exploitation vinicole. Sa mère est presque illettrée. En août 1914, elle s'installe avec ses deux fils à Alger, dans ce quartier de Belcourt où habitera le héros de *L'Étranger*. Son mari est tué à la guerre, le 17 octobre 1914. Elle va mener avec ses enfants une existence presque misérable.

En 1923, Camus entre au lycée d'Alger. Bon élève, il brille aussi comme gardien de but du Racing Universitaire d'Alger. L'année du baccalauréat (1930), il souffre déjà des atteintes de la tuberculose. Il entre en lettres supérieures (hypokhâgne) en 1931. En 1933 (accession de Hitler au pouvoir), il milite au « Mouvement antifasciste », puis adhère pour peu de temps au Parti communiste. Il occupe de petits emplois pour suivre ses études, se marie une première fois en 1934 et divorce deux ans plus tard. En 1936, il présente un Diplôme d'Études supérieures (maîtrise actuelle) sur les rapports de l'hellénisme et du christianisme ; pour des raisons de santé, il ne pourra passer l'agrégation de philosophie. Il est déjà sensible aux injustices de la colonisation : dans une série d'articles, publiés dans *Alger républicain*, il dénonce la misère des musulmans en Kabylie. En 1937, il participe à des tournées théâtrales avec une troupe d'amateurs. Première œuvre : *L'Envers et l'endroit* (recueil de petits récits).

■■■■ LES PREMIERS SUCCÈS ET LA GUERRE (1938-1945)

En 1938, il commence sa première pièce, *Caligula*. En 1939, il publie *Noces*, court essai qui chante la beauté de l'Algérie et de ses habitants. Il travaille pendant ces deux années à *L'Étranger*, achevé en mai 1940, le mois de la débâcle militaire. Camus, qui vient de s'installer en métropole, a pu assister à l'exode des Français qui fuient sur les routes. Malgré son désir de s'engager, il est réformé. Il se remarie avec Francine Faure, prépare son premier essai philosophique, *Le Mythe de Sisyphe*, et, en 1941, commence *La Peste*, roman inspiré par l'occupation allemande.

L'Étranger paraît en juillet 1942 et connaît un vif succès (voir plus loin, p. 17). En octobre, paraît *Le Mythe de Sisyphe*. En 1943, Camus entre à *Combat*, journal qui participe à la Résistance. En 1944, il rencontre Sartre. Tous deux s'étonneront que la critique s'acharne à associer leurs noms. « Je ne suis pas existentialiste », répétera Camus.

L'armistice est signé le 8 mai 1945. En Algérie, éclatent des émeutes nationalistes, sévèrement réprimées. Camus y part pour enquêter. « Que la France implante réellement la démocratie en pays arabe », dit-il en décembre 1945.

▰▰▰▰▰ GLOIRE ET POLÉMIQUES (1946-1954)

Après un voyage triomphal aux États-Unis en 1946, il achève *La Peste*, qui paraît en juin 1947 et obtient un immense succès. Il rompt avec l'équipe de *Combat*. Un voyage en Algérie en 1948, retour aux sources, sera reflété dans *L'Été* (1954). Mais ces années d'après-guerre sont marquées par une série de polémiques philosophiques et politiques qui l'opposent notamment à Mauriac en 1945 et à Merleau-Ponty en 1947. Au théâtre, *L'État de siège* (1948) est un échec ; *Les Justes* (1949) connaîtront un meilleur succès. En 1949, sa santé se détériore et aggravera son amertume lors des violentes discussions qui suivront la publication de *L'Homme révolté* (1951). Pour Camus, si ce livre « juge quelqu'un, c'est d'abord son auteur ». Mais, achevé pendant la guerre de Corée, où s'affrontent l'URSS et les États-Unis et qui semble préluder à une troisième guerre mondiale, *L'Homme révolté* est interprété par une partie de la gauche française comme une désertion : à la révolution, Camus préfère la révolte individuelle. Dénonçant le stalinisme, il passe pour un traître aux yeux de ses amis politiques. En août 1952, il rompt avec Sartre. Il prépare un recueil de nouvelles, *L'Exil et le royaume*, et adapte pour le théâtre *Les Possédés*, de Dostoïevski.

Lors des émeutes de Berlin-Est (juin 1953), il opte pour ces travailleurs qui dressent leurs « poings nus » devant les tanks. Peut-être par lassitude, il s'abstiendra de toute activité politique en 1954. C'est pourtant en novembre de cette année que se produisent en Algérie de graves événements, début d'une guerre d'indépendance dont Camus ne verra pas le dénouement.

▄▄▄▄ LE COURONNEMENT ET LES DÉCHIREMENTS (1955-1960)

En 1955, il adapte pour le théâtre *Un cas intéressant*, de Dino Buzzati, et, à partir de juin, collabore à *L'Express*, hebdomadaire qui milite pour une solution négociée à la guerre d'Algérie. Son embarras tragique devant cette guerre se traduit par un appel à la trêve civile lancé à Alger en janvier 1956 : refusant à la fois que la France soit expulsée de ce pays qui est le sien et qu'elle continue à y exercer une domination coloniale, cruellement critiqué par ses deux familles (la gauche et les Français d'Algérie), il va s'enfermer dans un silence presque total. Dès février, il cesse de collaborer à *L'Express*.

Son amertume transparaît dans *La Chute* (automne 1956), monologue imaginaire d'un homme désespéré qui ne s'accuse que pour accuser son prochain. *L'Exil et le royaume* (mars 1957) est d'une inspiration antérieure. Le 17 novembre 1957, il reçoit le prix Nobel de littérature : il est le plus jeune Français jamais couronné par cette récompense. Il écrit en 1958 une préface pour *L'Envers et l'endroit*, sa première œuvre. En dépit du temps qu'il consacre de plus en plus au théâtre, il séjourne souvent dans la maison qu'il s'est achetée à Lourmarin, dans le Vaucluse. C'est en revenant de Lourmarin, le 4 janvier 1960, qu'il se tue en voiture avec Michel Gallimard.

Il n'a pas connu cette éclipse de gloire que connaissent la plupart des écrivains après leur mort. On lui a parfois reproché cette image de « juste » dont lui-même aurait voulu se défaire. Jamais il ne s'est prétendu un « maître à penser » ; mais à supposer qu'il faille s'en donner un, l'homme qui dénonça le stalinisme sans renoncer aux valeurs de la gauche ne serait peut-être pas le modèle le plus indigne.

■■■■ PREMIÈRE PARTIE

Chapitre 1 : Meursault, jeune employé de bureau habitant Alger, reçoit un télégramme de l'asile de vieillards de Marengo lui annonçant la mort de sa mère. Trajet en autobus (il fait chaud), puis à pied (l'asile est à deux kilomètres du village). Les formalités : entrevue avec le directeur de l'asile, visite à la morgue (Meursault refuse de voir le corps de sa mère), conversation avec le concierge, qui lui offre du café au lait ; Meursault accepte. Enfin la veillée, interminable : les amis de la défunte y assistent, rangés autour du cercueil, comme les membres d'un tribunal. L'aube se lève sur une journée magnifique. Le cortège funèbre s'ébranle vers l'église, qui est à trois quarts d'heure de marche. Un vieillard le suit péniblement : Thomas Pérez, le dernier ami de madame Meursault ; à l'asile, on le plaisantait en lui disant : « C'est votre fiancée. » La chaleur est devenue torride. La suite défilera comme un rêve dans l'esprit de Meursault : l'église, le cimetière, l'évanouissement du vieux Pérez, l'attente, « ma joie quand l'autobus est entré dans le nid de lumières d'Alger et que j'ai pensé que j'allais me coucher et dormir pendant douze heures ».

Chapitre 2 : C'est samedi. En se réveillant, Meursault comprend que son patron ait eu l'air mécontent en lui accordant deux jours de congé pour l'enterrement de sa mère : cela lui en fait quatre de suite. Il va se baigner au port, et y rencontre Marie Cardona, une ancienne dactylo de son bureau dont il avait « eu envie à l'époque ». Ils nagent, rient, et s'endorment ensemble sur une bouée. Quand ils se rhabillent, Marie s'aperçoit que Meursault est en deuil, et apprend avec surprise qu'il a perdu sa mère la veille. Le soir, ils vont au cinéma, et passent la nuit ensemble. Marie part très tôt le matin. Meursault est seul, désœuvré. Il passe tout l'après-midi à son balcon, et observe le spectacle que lui offrent les allées et venues des gens de son quartier. Le soir, « j'ai pensé que c'était toujours un dimanche de tiré, que maman était maintenant enterrée, que j'allais reprendre mon travail et que, somme toute, il n'y avait rien de changé ».

Chapitre 3 : Lundi : le bureau, le patron, le travail. Sortie à midi et demi avec son collègue Emmanuel. Déjeuner au bar chez Céleste, comme d'habitude. Sieste, cigarette, le tram, de nouveau le bureau. Retour le soir le long des quais. Dans l'escalier, Meursault rencontre le vieux Salamano, son voisin de palier, accompagné de son chien, qui ne le quitte pas, et qu'il martyrise ; puis son deuxième voisin de palier, Raymond Sintès, qui l'invite à venir « manger un morceau » avec lui ; il porte un pansement à la main : il s'est fait blesser au cours d'une dispute. Raymond propose à Meursault de devenir « son copain », et se confie à lui : l'homme avec qui il s'est querellé est le frère d'une femme qu'il « entretient », et chez qui il a décelé de la « tromperie ». Il l'a déjà battue, mais ne l'estime pas assez punie ; il veut lui écrire une lettre, pour la faire revenir, et ensuite l'humilier. Meursault rédige la lettre. « Maintenant, lui dit Raymond, tu es un vrai copain ».

Chapitre 4 : La semaine s'écoule. Samedi à la plage avec Marie. Le soleil ; l'eau tiède, le goût du sel, et la fraîcheur des lèvres de Marie ; tous deux reviennent chez Meursault : « J'avais laissé ma fenêtre ouverte et c'était bon de sentir la nuit d'été couler sur nos corps bruns. » Le lendemain, ils entendent les bruits d'une dispute chez Raymond ; celui-ci frappe une femme en l'injuriant. Un agent met fin à la dispute. Après le départ de Marie, Raymond vient voir Meursault et lui demande de lui servir de témoin. Meursault accepte. Ils sortent ensemble l'après-midi. Meursault le trouve « gentil » avec lui et pense que « c'était un bon moment ». À leur retour, ils trouvent Salamano sans son chien. Le vieux leur explique comment il s'est sauvé ; inquiet, il viendra rendre visite à Meursault, le soir. « Puis il m'a dit : ''Bonsoir''. Il a fermé sa porte et je l'ai entendu aller et venir. Son lit a craqué. Et au bizarre petit bruit qui a traversé la cloison, j'ai compris qu'il pleurait. Je ne sais pas pourquoi j'ai pensé à maman. »

Chapitre 5 : Raymond invite Meursault et Marie à passer le dimanche suivant chez un ami, dans un cabanon près d'Alger. Toute la journée un groupe d'Arabes l'a suivi, parmi lesquels se trouvait le frère de son ancienne maîtresse. Son patron propose à Meursault un emploi à Paris ; Meursault lui répond que cela lui est égal. Le soir, Marie lui demande s'il veut se marier avec elle ; il lui répond que cela lui est égal, et comme elle lui dit qu'elle voudrait se marier avec lui, il accepte. Dîner chez Céleste, à la même table qu'une petite femme affairée aux gestes saccadés. Sur le pas de la porte, Meursault retrouve Salamano, qui lui annonce que son chien est définitivement perdu. Ils parlent du chien, puis Salamano parle à Meursault de sa mère : dans le quartier, on l'a mal jugé quand il l'a mise à l'asile, mais lui, Salamano, savait que Meursault aimait beaucoup sa mère.

Chapitre 6 : Le dimanche, quand Marie l'éveille, Meursault se sent mal à l'aise. Ils s'apprêtent à partir avec Raymond. La veille, Meursault a témoigné que la fille avait « manqué » à Raymond. Au moment où ils sortent, Raymond aperçoit sur le trottoir d'en face un groupe d'Arabes qui les regardent ; parmi eux, il y a « son type ». Mais c'est maintenant « une histoire finie ». Ils prennent l'autobus jusqu'au cabanon de l'ami de Raymond, un nommé Masson, grand gaillard sympathique marié à une petite Parisienne. Meursault et Marie nagent ensemble puis s'allongent au soleil. Le déjeuner terminé, il est encore tôt et le soleil tombe d'aplomb sur le sable quand Meursault, Raymond et Masson vont se promener sur la plage. Tout au bout, ils aperçoivent soudain deux Arabes. « C'est lui », dit Raymond reconnaissant son adversaire. Une courte bagarre s'engage à laquelle Meursault ne prend pas part. L'un des Arabes a tiré un couteau, Raymond est blessé, sans gravité. Vers une heure et demie, il retourne sur la plage, Meursault l'accompagne. Les deux Arabes sont encore là, allongés près d'une source. Raymond veut « descendre » son adversaire mais Meursault lui recommande d'attendre que l'autre l'ait provoqué, et, par précaution, il lui prend son revolver. Les deux Arabes se retirent tranquillement. La chaleur est insoutenable. A peine de retour au cabanon, Meursault éprouve le besoin de revenir se promener sur la plage, et il se dirige vers la source pour y trouver un peu de fraîcheur : le « type » de Raymond est revenu. Meursault va vivre la suite des événements dans une espèce de demi-conscience ; il serre le revolver de Raymond dans sa poche, envisage de faire demi-tour, mais sent la plage « vibrante de soleil » qui se presse derrière lui ; l'Arabe a tiré son couteau ; les yeux aveuglés de sueur, Meursault crispe sa main sur le revolver, la gâchette cède. « C'est là, dans le bruit à la fois sec et assourdissant, que tout a commencé. J'ai secoué la sueur et le soleil. J'ai compris que j'avais détruit l'équilibre du jour, le silence exceptionnel d'une plage où j'avais été heureux. Alors, j'ai tiré encore quatre fois sur un corps inerte où les balles s'enfonçaient sans qu'il y parût. Et c'était comme quatre coups brefs que je frappais sur la porte du malheur. »

▰▰▰▰ DEUXIÈME PARTIE

Chapitre 1 : Interrogatoires chez le juge. Visite de l'avocat désigné d'office, qui questionne Meursault sur sa mère et les sentiments qu'il avait pour elle. Meursault ne parle pas comme il faudrait en pareille circonstance. Nouvel interrogatoire chez le juge. Meursault ne manifestant aucun regret, le juge invoque Dieu et le Christ. Suite de l'instruction, qui va durer onze mois.

Chapitre 2 : La vie de Meursault en prison. Visite de Marie. Meursault s'habitue peu à peu aux privations et ne se trouve « pas trop malheureux ». Ses occupations dans sa cellule : ses souvenirs, le sommeil, et la lecture d'un vieux morceau de journal trouvé par hasard.

Chapitre 3 : L'été est revenu. Début du procès. Meursault découvre l'assistance depuis son box d'accusé : les jurés, les journalistes, la cour, les témoins. Le président interroge Meursault sur sa mère, sur le meurtre de l'Arabe. Puis c'est le défilé des témoins : le directeur de l'asile, le concierge, le vieux Pérez. Le tribunal apprend qu'on n'a pas vu

Meursault pleurer à l'enterrement de sa mère, qu'il a refusé de la voir une dernière fois, qu'il a fumé et bu du café au lait. Pour Céleste, ce qui arrive à Meursault est un « malheur » ; il ne peut en dire plus. Traquée par le procureur, Marie avoue que sa « liaison irrégulière » avec Meursault date du lendemain de l'enterrement, et qu'ils sont allés le soir même de leur rencontre voir un film de Fernandel. Les témoignages de Masson et Salamano sont à peine écoutés. Mais l'avocat général révèle à la cour que Raymond est un « souteneur » ; Meursault a écrit la lettre qui est à l'origine du drame, il a fourni un témoignage de complaisance en faveur de Raymond : leur complicité ne fait aucun doute, et le crime de Meursault est évidemment un crime crapuleux. L'avocat proteste : « Enfin, est-il accusé d'avoir enterré sa mère ou d'avoir tué un homme ? » « J'accuse cet homme, répond le procureur, d'avoir enterré une mère avec un cœur de criminel. »

Chapitre 4 : Meursault assiste au procès comme s'il y était étranger. On parle de lui, mais sans jamais lui demander son avis. Aux yeux du procureur, Meursault a prémédité son crime. Le procureur retrace les faits en dénonçant l'insensibilité de l'accusé. C'est un parricide que les jurés ont à juger, un monstre, qui n'a « rien à faire avec une société » dont il méconnaît « les règles les plus essentielles ». Le procureur réclame la tête de l'accusé. L'avocat plaide la provocation, il vante les qualités morales de Meursault ; mais celui-ci ne l'écoute plus ; sa vie lui revient en mémoire. Il éprouve une grande lassitude tandis qu'on s'empresse autour de son avocat pour le féliciter. Une longue attente, un brouhaha, le silence de la salle, enfin le président qui annonce que Meursault aura « la tête tranchée sur une place publique au nom du peuple français ».

Chapitre 5 : Meursault a refusé de voir l'aumônier. Il pense au « mécanisme implacable » qui le conduira à la mort, à ses chances de s'y soustraire. Rien n'est plus important qu'une exécution capitale. La guillotine, l'aube du jour où on viendra le chercher. Et aussi son pourvoi, l'hypothèse d'une grâce. Meursault pense à Marie, qui a cessé de lui écrire, quand l'aumônier pénètre dans sa cellule. Ses paroles de douceur et d'espoir mettent Meursault hors de lui. « Aucune de ses certitudes ne valait un cheveu de femme. » Il se précipite sur l'aumônier, le saisit au collet et l'insulte. Après son départ, Meursault retrouve le calme. « Devant cette nuit chargée de signes et d'étoiles, je m'ouvrais pour la première fois à la tendre indifférence du monde. De l'éprouver si pareil à moi, si fraternel enfin, j'ai senti que j'avais été heureux, et que je l'étais encore. Pour que tout soit consommé, pour que je me sente moins seul, il me restait à souhaiter qu'il y ait beaucoup de spectateurs le jour de mon exécution et qu'ils m'accueillent avec des cris de haine. »

3 De la genèse de L'Étranger à sa publication

Les *Carnets* de Camus[1] montrent comment une idée ou une observation prise sur le vif nourrit tantôt une œuvre, tantôt une autre. Ainsi, une pièce de théâtre comme *Caligula*, apparemment très différente de *L'Étranger*, répond-elle à une même interrogation sur la soif d'absolu de l'homme. Camus ébauche aussi un roman, *La Mort heureuse*, qu'il abandonnera au profit de *L'Étranger*.

Le sujet de celui-ci apparaît en avril 1937 : « Récit - l'homme qui ne veut pas se justifier. L'idée qu'on se fait de lui lui est préférée. Il meurt, seul à garder conscience de sa vérité — vanité de cette consolation[2]. » Puis Camus note : « Condamné à mort qu'un prêtre vient visiter tous les jours. A cause du cou tranché, les genoux qui plient, les lèvres qui voudraient former un nom, la folle poussée vers la terre pour se cacher dans un ''Mon Dieu, mon Dieu !''. Et chaque fois, la résistance dans l'homme qui ne veut pas de cette facilité et qui veut mâcher toute sa peur. Il meurt sans une phrase, des larmes plein les yeux[3]. »

■■■■■ AU CARREFOUR DE « CALIGULA » ET DE « L'ÉTRANGER »

Le titre de *L'Étranger* apparaît deux mois plus tard : « Un homme qui a cherché la vie là où on la met ordinairement (mariage, situation, etc.) et qui s'aperçoit tout d'un coup, en lisant un catalogue de mode, combien il a été étranger à sa vie[4]. » Sur la même page, une ébauche de plan de roman

---

1. *Carnets*, I (mai 1935-février 1942) (Éd. Gallimard, 1962).
2. *Ibid.* (avril 1937, p. 46).
3. *Ibid.* (juin 1937, p. 49-50).
4. *Ibid.* (août 1937, p. 61-62).

met en évidence le « jeu », thème présent dans *Caligula* qui occupe alors Camus. « Pour le roman du joueur », note-t-il en juillet 1937. Ainsi, après avoir hésité à figurer ce personnage dans un roman ou dans une pièce, il choisit la seconde solution. Mais loin d'être le monstre ridicule dont nous parlent les historiens, Caligula est « un esprit hanté d'absolu[1] » qui cherche par le jeu à rejoindre son idéal. La comédie à laquelle il se livre dans son exercice du pouvoir signifie que dans ce monde, aucune valeur ne mérite d'être prise au sérieux. Meursault, à l'inverse, refusera toute forme de comédie jusqu'à être victime de celle que joue la société. Mais lui aussi sera en quête d'absolu. Les deux héros s'écartent donc l'un et l'autre d'un comportement *normal* pour pousser leur exigence aussi loin que possible. « *Caligula* est bien la chute d'un ange, qui s'est brûlé les ailes au soleil de la vie[2]. » Meursault, lui aussi, mourra de s'être trop approché du soleil.

▰▰▰ AU FIL DES « CARNETS »

Si le mot « étranger » apparaît dès 1937 dans les *Carnets*, Camus songe alors à un autre titre : « La Mort heureuse », roman qu'il ne terminera jamais. Le nom de son héros était MERSAULT : « Mer-Sol, Mer et Soleil », précisera plus tard Camus, nous invitant peut-être à lire « Meursault » comme « Meurt-Soleil ». « Projet de plan. Combiner jeu et vie », note-t-il en août 1937[3]. Suit le plan de *La Mort heureuse*, qui ne sera publié sous sa forme embryonnaire qu'en 1971.

A cette époque, Camus cherche sa voie. On le devine à lire ces notes qui sont à la croisée du roman, de l'essai et du témoignage journalistique. Le premier schéma de l'intrigue de *L'Étranger* date de décembre 1937 : « Le type qui donnait toutes les promesses et qui travaille maintenant dans un bureau. Il ne fait rien d'autre part, rentrant chez lui, se couchant et attendant l'heure du dîner en fumant, se couchant à nouveau et dormant jusqu'au lendemain. Le dimanche, il se lève très tard et se met à sa fenêtre, regardant la pluie ou le soleil, les

---

1. Francis Ambrière, dans l'hebdomadaire *Clarté* (5 octobre 1945).
2. Roger Quilliot, dans A. Camus, *Théâtre, Récits, Nouvelles* (Éd. Gallimard, Bibliothèque de la Pléiade, p. 1736).
3. *Carnets* (août 1937, p. 63).

passante ou le silence. Ainsi toute l'année. Il attend. Il attend de mourir. A quoi bon les promesses, puisque de toute façon[1]... »

La querelle de Raymond Sintès avec sa maîtresse est ébauchée à la même époque : « Belcourt. Histoire de R. : J'ai connu une dame... c'était pour ainsi dire ma maîtresse... Je me suis aperçu qu'il y avait de la tromperie[2] [...]. » C'est à Belcourt qu'habitent Meursault et Raymond, comme Camus y a habité avec sa mère. Dans une liste de personnages, datant d'août 1938, figure une Marie C. : on devine la Marie Cardona du roman. Enfin, dans une note de la fin de 1938, on lit presque mot pour mot les cinq premières lignes du roman : « Aujourd'hui, maman est morte. Ou peut-être hier, je ne sais pas [...]. Ça ne veut rien dire. C'est peut-être hier[3]... », et des réflexions sur l'horreur qui, chez le condamné, naît de la certitude de ne pas échapper à la mort — « plutôt de l'élément mathématique qui compose cette certitude[4] ».

Les *Carnets* de 1939 et 1940 contiennent en germe des éléments secondaires de *L'Étranger* : bataille de rue où s'exprime la langue de Cagayous (voir plus loin, p. 70), ou esquisses de personnages : « Le vieux et son chien. Huit ans de haine. » On reconnaît Salamano. Enfin, « l'autre et son tic de langage : ''Il était charmant, je dirai plus, agréable'' », annonce Masson.

███████ QUELQUES REPÈRES DANS L'ACTUALITÉ

L'Étranger a été conçu immédiatement avant la guerre. Mais rien n'indique que l'aggravation de la situation internationale a marqué l'écriture du roman. On supposera que les dernières pages ont été influencées par l'exécution de Weidmann, guillotiné le 16 juin 1939 : le scandale qu'elle provoqua, en suscitant autour du condamné une sorte de réunion mondaine,

---

1. *Ibid.* (décembre 1937, p. 98).
2. *Ibid.* (août 1938, p. 122).
3. « Ça » et « C'est » sont remplacés dans le texte définitif par « Cela » et « C'était ». Camus a continué à améliorer la correction des paroles de Meursault qui ne sont pas placées entre guillemets ; voir p. 71.
4. *Carnets*, I (décembre 1938, p. 141).

mit fin aux exécutions capitales sur la voie publique. Mais Camus était déjà sensible à la question de la peine de mort. Certains fragments inutilisés laissent imaginer quels développements il aurait pu donner à l'exécution au seuil de laquelle s'interrompt *L'Étranger*. Ce grave débat moral, il a préféré le suggérer. En y insistant, il aurait écrit un « roman à thèse », genre où l'auteur accorde plus d'importance aux *idées* qu'il défend qu'à la *forme* esthétique qu'il leur donne. Surtout, au lieu d'avoir pour sujet l'absence au monde et la révolte d'un individu, *L'Étranger* eût glissé vers un problème de société. L'opinion de Camus sur la peine de mort (dont il est évidemment un adversaire), on la lit dans ses *Réflexions sur la guillotine* (1957).

La Peste reflète l'occupation allemande de manière symbolique, mais transparente. Rien ne signale *L'Étranger* comme un roman d'actualité. Dans *La Peste*, il est vrai, Camus présentera des héros engagés dans l'action : Meursault, lui, est détaché du monde. Quant à la comédie dont il sera la victime, elle est de toutes les époques. Sans doute faut-il tenir compte que se déroulant dans l'Algérie française, *L'Étranger* reflète les réalités de la colonisation (voir plus loin, p. 67). Mais ces réalités existaient déjà au XIXe siècle ; elles n'évolueront guère jusqu'à la guerre d'Algérie, en 1954.

■■■■ ÉCLAIRAGES BIOGRAPHIQUES

« Trois personnages sont entrés dans la composition de *L'Étranger* : deux hommes (dont moi) et une femme[1] », a confié Camus. Cela ne signifie pas qu'il s'identifie à Meursault ou à tel autre personnage : ses pensées, ses sentiments, ses idées sont épars dans l'ensemble de l'œuvre. Roger Grenier insiste sur l'importance que prit dans la vie de Camus, à cette époque, la rencontre de Pascal Pia, journaliste et écrivain, ami de Malraux : « Il se trouvait soudain en présence d'un spécimen vivant d'*homme absurde*. Un *homme absurde* qui allait être son meilleur ami, avant de s'éloigner un jour, pour devenir peu à peu un *étranger*[2]. » Par « homme absurde », il faut

---

1. *Carnets*, II (Éd. Gallimard, 1964, p. 34).
2. Roger Grenier, *Albert Camus. Soleil et ombre* (Éd. Gallimard, 1987, p. 89). C'est à Pascal Pia que sera dédié *Le Mythe de Sisyphe*.

entendre : un homme qui témoigne de l'absurdité du monde, de l'absence de réponse à nos inquiétudes métaphysiques les plus profondes. Ce témoignage ne doit pas nous conduire à identifier Pascal Pia, intellectuel parisien, à un être aussi fruste que Meursault : il éclaire seulement par un exemple vivant la présence du mot « absurde » dans les *Carnets* à l'époque où se noue cette amitié et où s'élabore *L'Étranger*.

■■■■■ PUBLICATION ET ACCUEIL

La première édition de *L'Étranger* (Gallimard) est datée du 15 juin 1942 (mise en vente début juillet). La critique officielle, soumise au régime de Vichy et aux autorités d'occupation, jugea le livre avilissant et immoral. Mais Sartre lui consacra bientôt une étude lucide et admirative[1]. Le succès de *L'Étranger* ne se démentira jamais : il est aujourd'hui encore, avec plus de deux millions d'exemplaires vendus, en tête des ventes de la collection « Folio ».

---

1. Écrite en février 1943, recueillie dans *Situations I* (Éd. Gallimard, 1947).

4 Sources et parentés

■■■ QUELQUES INFLUENCES POSSIBLES

Roger Quilliot demanda un jour à Camus s'il avait songé au poème en prose de Baudelaire, « L'Étranger », qui débute ainsi : « Qui aimes-tu le mieux, homme énigmatique, dis ? ton père, ta mère, ta sœur ou ton frère ? — Je n'ai ni père, ni mère, ni sœur, ni frère. » Camus répondit que « s'il y avait eu emprunt, il était inconscient et de réminiscence[1] ». Stendhal faisait partie des admirations littéraires de Camus : dans *Le Rouge et le Noir*, Julien est un peu, comme Meursault, « étranger » à son procès, l'un et l'autre acceptant l'exécution capitale comme une forme de martyr[2].

Outre les sources, on songera à des parentés, c'est-à-dire des rapprochements qui dépendent peut-être de la subjectivité du lecteur. Ainsi, Sartre trouve-t-il des points communs entre *L'Étranger* et *Zadig* ou *Candide* de Voltaire, auxquels Camus ne s'est jamais référé. Comme la plupart des héros de contes de Voltaire, *Candide* est une création abstraite, issue de la volonté de l'écrivain d'instruire en divertissant. Meursault, création romanesque, porte en lui la richesse d'un vécu. Tandis que la démonstration philosophique de Voltaire est ironiquement résumée par la formule célèbre : « Tout est pour le mieux dans le meilleur des mondes possibles », on ne peut tirer de leçon philosophique de *L'Étranger*, parce que l'œuvre est chargée de l'ambiguïté du réel.

---

1. A. Camus, *Théâtre, Récits, Nouvelles* (Éd. Gallimard, Bibliothèque de la Pléiade, p. 1916).
2. Voir P.-G. Castex, *Albert Camus et « L'Étranger »*, José Corti (1965, p. 46). Cet ouvrage évoque aussi le crime de Raskolnikov dans *Crime et châtiment* de Dostoïevski.

Plus probants sont les rapprochements opérés entre *L'Étranger* et Kafka (écrivain de langue allemande, 1883-1924), en particulier son roman le plus célèbre, *Le Procès* (publié en 1925), dont Camus proposera un résumé en 1943 dans une étude publiée en appendice du *Mythe de Sisyphe* : « Joseph K… est accusé. Mais il ne sait pas de quoi. Il tient sans doute à se défendre, mais il ignore pourquoi. Les avocats trouvent sa cause difficile. Entre-temps, il ne néglige pas d'aimer, de se nourrir ou de lire son journal. Puis il est jugé. Mais la salle du tribunal est très sombre. Il ne comprend pas grand-chose. Il suppose seulement qu'il est condamné, mais à quoi, il se le demande à peine[1]… »

Les ressemblances entre les deux œuvres sont flagrantes, d'autant que Joseph K… est, comme Meursault, employé de bureau ; elles sont mentionnées pour la première fois par Jean Grenier, ancien professeur de philosophie et ami de Camus, qui lui écrit après avoir lu son roman sur manuscrit : « *L'Étranger* très réussi — surtout la deuxième partie malgré l'influence de Kafka qui me gêne. » A quoi Camus répond : « Je me suis demandé si j'avais raison de prendre ce thème du procès. Il s'éloignait de Kafka dans mon esprit, mais non dans l'apparence. Cependant, il s'agissait là d'une expérience que je connaissais bien, que j'avais éprouvée avec intensité (vous savez que j'ai suivi beaucoup de procès et quelques-uns très grands, en cours d'assises). Je ne pouvais pas y renoncer au profit d'une construction quelconque où mon expérience aurait moins de part. J'ai donc choisi de risquer le même thème. Mais pour autant qu'on puisse juger de ses propres influences, les personnages et les épisodes de *L'Étranger* sont trop individualisés, trop ''quotidiens'' pour risquer de rencontrer les symboles de Kafka[2]. » A ces arguments on ajoutera une différence capitale, visible d'après le résumé du *Procès* : la société, force obscure, finit chez Kafka par avoir raison de l'individu ; dans *L'Étranger*, Meursault, même s'il est victime de la sanction, se forge contre la comédie sociale une conscience qui autorise la révolte.

---

1. A. Camus, *Essais* (Éd. Gallimard, Bibliothèque de la Pléiade, p. 201).
2. Cité dans Roger Grenier, *Albert Camus. Soleil et ombre* (p. 100-101).

Dans *La Métamorphose*, autre œuvre de Kafka, le narrateur, Grégoire, transformé en scarabée, pense au mécontentement de son patron quand il constatera son absence : devenu orphelin, Meusault a la même réaction, disproportionnée à son malheur. Ce nivellement par la conscience de tous les événements, ordinaires, extraordinaires ou fantastiques, appartient à une tradition de l'absurde. Il provoque aussi bien des effets comiques (ainsi dans *Amédée ou Comment s'en débarrasser*, de Ionesco). Ne pourrait-on, à la limite, trouver comiques certaines réactions incongrues de Meursault, de Grégoire ou de Joseph K... ? La situation de Meursault sur le point de serrer la main au juge deviendrait un gag dans un autre contexte. Sartre, lui, ne trouve guère de ressemblances entre *L'Étranger* et l'œuvre de Kafka : « On m'avait dit : ''C'est du Kafka écrit par Hemingway.'' J'avoue que je n'ai pas retrouvé Kafka. Les vues de M. Camus sont toutes terrestres. Kafka est le romancier de la transcendance impossible ; l'univers est, pour lui, chargé de signes que nous ne comprenons pas ; il y a un envers du décor. Pour M. Camus, le drame humain, c'est, au contraire, l'absence de toute transcendance[1]. »

■■■■■■■ « LA NAUSÉE », DE JEAN-PAUL SARTRE

Sartre est ici assez discret pour ne pas souligner l'évidente ressemblance de *L'Étranger* avec son propre roman, *La Nausée*, paru quatre ans plus tôt (1938), histoire d'un rentier, Roquentin, qui fait en bibliothèque des recherches sur un personnage historique. Peu à peu, la vie lui paraît dénuée de sens : les objets et les êtres deviennent étranges : même les noms qui les désignent ne correspondent plus à leur réalité. Roquentin croyait à une *essence* du monde : celui-ci se révèle dans son *existence*, gratuite et inquiétante. Telle est la don-

---

1. J.-P. Sartre, *Situations I*, p. 104. La « transcendance » est hors de portée de la connaissance. Pour les héros de Kafka, il existe un au-delà, auquel ils croient, mais dont ils ne peuvent interpréter les signes ; pour Meursault, le monde d'ici-bas enferme la totalité de son expérience : même dans la dernière page de *L'Étranger*, c'est au monde visible et sensible qu'il se convertit.

née de l'existentialisme : à moins d'entretenir des illusions (celles de Roquentin sont dues à l'Histoire), nous devons convenir que le monde n'offre pas un sens donné une fois pour toutes. Il *existe*, nous *existons*, c'est tout. Cette constatation nous ouvre une liberté de choix vertigineuse : nous ne sommes que ce que nous décidons d'être.

Camus a rendu compte de *La Nausée*, le 20 octobre 1938[1] : « Un roman n'est jamais qu'une philosophie mise en images. Et dans un bon roman, toute la philosophie est passée dans les images. [...] Il s'agit aujourd'hui (avec *La Nausée*) d'un roman où cet équilibre est rompu, où la théorie fait du tort à la vie. » C'est en pensant au roman qu'il élabore que Camus juge celui de Sartre : il se donnera pour tâche d'éviter dans *L'Étranger* les écueils qu'a rencontrés *La Nausée*. Si, chez Sartre, l'équilibre est rompu au profit de la « philosophie » et au détriment de la « vie », *La Nausée* est un roman à thèse (sur le sens que Camus donne à cette expression, voir plus loin, p. 60). En fait, si *L'Étranger* et *La Nausée* comptent aujourd'hui parmi les « classiques » du xxᵉ siècle, c'est qu'ils sont mieux que l'illustration de deux philosophies. Tous deux révèlent l'absurdité du monde ; mais Sartre condamne l'homme à cette absurdité, tandis que Camus prône des attitudes (comme la révolte) qui lui permettent d'affirmer sa grandeur. Écrits l'un et l'autre à la première personne, les deux romans traduisent l'expérience d'une conscience un peu hébétée qui nivelle les êtres et les choses et progresse au travers d'événements majeurs ou mineurs avec la même indifférence. Mais ces deux expériences débouchent sur des conclusions philosophiques opposées[2].

---

1. Voir A. Camus, *Essais* (Éd. Gallimard, Bibliothèque de la Pléiade, p. 1417).
2. Voir plus loin (p. 61).

5 Forme de l'œuvre

▬▬▬ LE CADRE

L'action se situe à Alger dans un « faubourg » de la ville (p. 37). Les indications géographiques sont rares : la rue de Lyon, le long de laquelle le vieux Salamano promène son chien (p. 46) ou les baraques foraines du Champ de Manœuvres (p. 64). Elles signalent que le « faubourg » est Belcourt, quartier populaire situé à l'est de la ville. Camus y a vécu avec sa mère à partir de 1914, au 93 de la rue de Lyon (actuelle rue Belouizdad), et il a joué au football sur les terrains vagues du Champ de Manœuvres. Le stade municipal se trouvait au bout de la rue de Lyon, dans le quartier du Ruisseau, et il est normal que le tramway qui ramène joueurs et spectateurs passe sous les fenêtres de Meursault. Les autres détails sont conformes à la réalité : la prison est située sur les hauteurs ; on trouve un square près du palais de justice... Mais à aucun moment, Camus ne vise au pittoresque ou à la reconstitution. Marengo, enfin, à quatre-vingts kilomètres d'Alger (p. 9), située non loin de Tipasa, a été rebaptisée Hadjout depuis l'Indépendance.

De la plage où se déroule le drame, on sait seulement qu'elle se trouve dans la banlieue d'Alger, près d'un arrêt d'autobus. Comme l'a fait remarquer Pierre-Georges Castex[1], elle est le fidèle reflet d'un souvenir de Trouville, petite ville du département d'Oran, à cinq cents kilomètres à l'ouest d'Alger. On lit en effet dans les *Carnets* de Camus : « Trouville. Un plateau plein d'asphodèles devant la mer. De petites villas à barrières vertes ou blanches, à véranda, quelques-unes enfouies dans les tamaris, quelques autres nues au milieu des pierres. La mer gronde un peu, en bas. Mais le soleil, le vent léger, la blancheur des asphodèles, le bleu déjà pur du ciel, tout laisse imaginer l'été[2]... »

On comparera cette description avec celle de *L'Étranger* (p. 80).

---

1. *Albert Camus et « L'Étranger »*, José Corti (1965, p. 25).
2. A. Camus, *Carnets*, I (Éd. Gallimard, 1962, p. 202).

■■■■ LA DURÉE DE L'ACTION

Aucune précision n'est donnée sur l'année où se déroule l'action. L'insouciance de Meursault pour tout ce qui ne touche pas à son univers personnel soustrait le roman à l'actualité. On peut seulement supposer que nous sommes dans les années qui précèdent la guerre de 1939.

Les événements qui conduisent au meurtre et le procès se situent à une année d'intervalle, au mois de juin. Juin, c'est déjà le plein été : celui-ci commence tôt en Algérie, et la chaleur jouera un rôle capital à l'enterrement (en provoquant la lassitude et, dans une certaine mesure, l'indifférence de Meursault), dans la liaison avec Marie (rencontrée aux bains de mer), dans le meurtre lui-même (provoqué par le soleil : nous y reviendrons), au cours du procès enfin (les juges, qui s'éventent et s'épongent le front, paraissent pressés d'en finir).

Meursault part un jeudi pour Marengo. Avec le week-end, cela lui fait quatre jours de congé. Une semaine s'écoule avant qu'il retrouve Marie ; une semaine encore avant que tous deux ne se rendent avec Raymond à la plage où s'accomplira le drame. La première partie couvre donc dix-huit jours, mais ne concerne pratiquement que les six jours de loisir de Meursault ; son activité de la semaine n'est mentionnée qu'en passant, comme si elle n'avait aucune importance.

L'instruction du procès va durer onze mois (p. 110), et nous sommes à nouveau en juin au début du procès. Quand s'achève le récit, il y a un an que Meursault a tué l'Arabe. Le futur est incertain : peut-être Meursault sera-t-il guillotiné dès le lendemain si sa grâce a été refusée, peut-être finira-t-il sa vie en prison.

Le temps de *L'Étranger* est linéaire, c'est-à-dire qu'il ne comporte aucun retour en arrière. Chaque chapitre nous fait progresser dans le temps. Au début de la deuxième partie, toutefois, les deux premiers chapitres relatent des événements contemporains : le chapitre 1 contient ce que Meursault raconte spontanément ; le chapitre 2, ce qu'il ne raconte qu'avec répugnance. Cette hiérarchisation des événements, qu'il vivait jusqu'à présent au jour le jour, peut correspondre à une première prise de conscience.

■■■■■ « L'ÉTRANGER »
EST-IL UN ROMAN ?

Suivant les éditions, *L'Étranger* est sous-titré tantôt « récit »,
tantôt « roman ». Il est sous-titré « roman » dans la Bibliothèque de la Pléiade, mais à l'intérieur d'un volume qui affiche
sur la couverture : *Théâtre, Récits, Nouvelles*. Il est également
sous-titré « roman » dans la collection traditionnelle de Gallimard (collection « Blanche »), où a paru l'édition originale,
mais on le recense à la fin du volume parmi les « récits » et
« nouvelles ». Dans la collection « Folio », toute indication disparaît de la couverture, mais on le présente au dos de la couverture comme le « premier roman » d'Albert Camus.

Le roman est un genre qui suppose une certaine durée (une
comédie peut s'achever en dix minutes, un poème peut se
réduire à quatre vers, mais on n'imagine pas de roman qui
se limiterait à une dizaine de pages). C'est que le roman donne
l'illusion du réel ; il faut donc que le lecteur s'installe dans un
temps qui se substitue au temps de sa vie quotidienne, en
imitant la succession des temps forts et des temps creux que
nous offre la vie. Si l'œuvre de fiction se réduit à un temps
fort, on l'appellera plutôt « nouvelle ». Ainsi admet-on d'ordinaire qu'un roman couvre au moins cent cinquante pages ;
au-dessous, il s'agit d'une nouvelle. Pourtant, *Colomba*, de
Mérimée, qui passe souvent pour le type même de la nouvelle française, est de quelques dizaines de pages plus longue que *L'Étranger*... que personne n'a jamais eu l'idée de
qualifier de « nouvelle ».

Qu'un roman soit plus long qu'une nouvelle est, à vrai dire,
une conséquence plutôt qu'une cause de la différence des
deux genres. Une nouvelle est en effet tout entière organisée
en vue d'un épisode principal (la vendetta dans *Colomba*), tandis que le roman est affecté d'une durée indécise. Si nous
résumons *L'Étranger*, il nous paraît comporter un temps fort
(le meurtre de l'Arabe). Mais si nous lisons l'histoire au travers de la conscience de Meursault, tous les événements sont
égaux : la mort de la mère, la rencontre avec Marie, le meurtre, le procès... C'est donc bien à une durée romanesque que
nous avons affaire, et l'histoire se présente comme une tran-
che de vie plutôt que comme un épisode marquant accompagné de circonstances accessoires. Si cette histoire est
d'un plus faible volume que la plupart des romans, c'est que

l'existence de Meursault est à la fois brève et vide. Mais il s'agit là d'une donnée qui touche à l'intrigue et à la psychologie plus qu'au genre de l'œuvre.

On hésitera davantage entre « récit » et « roman ». On appelle souvent « récit » toute œuvre (autobiographique ou de fiction) présentée à la première personne. Dans ce cas, *L'Étranger* serait un « récit » (c'est Meursault qui raconte) ; mais il existe de nombreux romans à la première personne. Parfois, on réserve le terme de « récit » à une œuvre narrative dans laquelle celui qui raconte connaît dès le début la fin de l'histoire. On hésitera alors à qualifier *L'Étranger* de « récit ». Remarquons d'abord que, contrairement à ce qui se passe dans *Madame Bovary* ou *Le Rouge et le Noir*, nous n'assistons pas à la mort du héros (peut-être sera-t-il gracié *in extremis* ?) : fidèle à la perspective de la première personne, Camus ne nous donne à lire que ce dont Meursault peut avoir conscience. Cela étant, faut-il admettre que nous lisons une sorte de journal, que Meursault tiendrait depuis la mort de sa mère jusqu'à sa demande de pourvoi en grâce (ou jusqu'à son exécution) ? Nous nous rapprocherions du « roman », dont l'issue est indécise. Ou bien Meursault fait-il en prison un bilan récapitulatif de ce qui lui est arrivé ? Nous serions alors plutôt dans la perspective d'un récit.

■■■■■ L'HYPOTHÈSE D'UN JOURNAL

Il s'agirait évidemment d'un journal fictif, dont Camus crédite Meursault. Mais on voit mal un homme aussi fruste tenir un journal intime, et on ne comprend guère avec quel recul il consignerait ses impressions. Lorsqu'il reçoit le télégramme (p. 9), il paraît les consigner aussitôt, puisque les événements immédiatement postérieurs sont marqués du futur : « Je *prendrai* l'autobus à deux heures et j'*arriverai* dans l'après-midi. » Mais quand il veille le corps de sa mère, il semble que ce soit le Meursault prisonnier qui reconstitue les faits et ses sentiments d'alors : « J'*avais* même l'impression que cette morte, couchée au milieu d'eux, ne signifiait rien à leurs yeux. Mais je crois *maintenant* que c'était une impression fausse » (p. 21).

Dans la première partie, chaque chapitre semble être la somme des événements dont Meursault se souvient au terme d'une journée (chapitres 2, 3, 5, 6) ou d'une semaine chapitre 4). Mais cette perspective ne va pas sans incohérences. Ainsi, au chapitre 4, Meursault parle de la journée écoulée en disant « ce matin » (p. 58), comme s'il s'y trouvait encore. Mais à la fin du chapitre, il dit « le lendemain » (p. 66) au lieu de « demain » : c'est donc qu'il a pris du recul par rapport à l'événement.

Dans la deuxième partie, les quatre premiers chapitres sont une récapitulation des onze mois d'instruction et de procès. Rien ne permet de décider si, quand il relate les interrogatoires du juge et sa vie en prison (chapitres 2 et 3), Meursault a déjà vécu son procès, ou s'il faut supposer que le récit marque une pause entre les chapitres 2 et 3. L'impression que nous lisons un « journal » disparaît, puisque Meursault a pris suffisamment de recul par rapport aux événements pour que les chapitres 1 et 2 répondent, non plus à une succession chronologique, mais à une classification de faits survenus pendant une même période. Au chapitre 5, on croit de nouveau lire un « journal » tenu par Meursault ; celui-ci parle en effet au présent : « Je n'ai rien à lui dire » (p. 165). Ainsi peut-il dire : « J'ai refusé une fois de plus de recevoir l'aumônier » (p. 174), sans paraître soupçonner que celui-ci va néanmoins pénétrer dans sa cellule.

■■■■■ L'HYPOTHÈSE D'UN RÉCIT RÉTROSPECTIF

Si l'on admet que ce que raconte Meursault est entièrement composé par lui dans sa cellule après le verdict, on gagne de donner à *L'Étranger* une perspective plus cohérente. Tout au plus faut-il alors admettre que Meursault revit son passé au point de reconstruire chacune des journées importantes qui ont amené et suivi son drame comme si elle lui était contemporaine. Les écarts de style (par exemple : « le lendemain » au lieu de « demain ») s'expliqueraient par la double perspective où est placé Meursault : présent vécu/passé reconstitué. Ces écarts ne seraient pas plus gênants que la coexistence, si fréquente en français chez les meilleurs auteurs, du passé simple et du présent de narration[1] à l'intérieur d'un même récit. On comprendrait du même coup la présence, dans la première partie, d'expressions qui ne prennent leur sens qu'à

1. On l'appelle aussi parfois présent historique.

la lumière de la seconde : pourquoi Meursault a-t-il l'impression que les vieillards qui veillent sa mère sont là pour le juger (p. 19), sinon parce qu'au moment où il parle, la société lui a donné un sentiment de culpabilité qu'il ignorait avant d'être jugé ? Et comment devinerait-il que les quatre balles qu'il tire sur le corps inerte de l'Arabe (p. 95) sont comme quatre coups frappés à la porte du malheur, sinon parce qu'il sait qu'il le paiera de sa vie ?

Au vrai, l'hypothèse d'un récit rétrospectif comme celle d'un « journal » se heurtent à des difficultés. La première hypothèse ne rendrait pas compte de la différence de ton qui sépare le début de L'Étranger (événements égrenés par une conscience passive) de la dernière page, où s'exprime une révolte en des accents lyriques. La seconde hypothèse supposerait que Camus fait comme s'il « transcrivait » ce qu'est censé dire son personnage. Mais on donne une perspective plus riche au récit si l'on admet que les anticipations de Meursault sur ce qui va lui arriver ne sont pas à mettre au compte de simples intuitions psychologiques : elles représentent l'intrusion d'une dimension tragique[1], soulignée par ce fait divers que Meursault lit et relit quand il est en prison : le meurtre d'un voyageur descendu dans une auberge par sa mère et sa sœur qui ne l'ont pas reconnu (p. 124-125), image de la fatalité aveugle où Meursault peut voir une variante de sa propre destinée[2]. De même, dans Le Rouge et le Noir, Julien Sorel lit-il dans l'église de Verrières une coupure de journal annonçant l'exécution d'un homme dont le nom ressemble au sien, préfiguration de son propre destin. Si, par commodité ou convention, nous qualifions L'Étranger de « roman », nous observerons que comme beaucoup de chefs-d'œuvre romanesques, il fait sa place au tragique. L'impression d'un « journal » traduit l'ignorance de son destin par le héros. Parfois, il en prend une conscience obscure. Mais on démêle mal, dans ce cas, ce qui appartient aux intuitions du personnage, qui sent que son bonheur est fragile, et à l'intervention du romancier qui superpose au récit des signes auxquels le lecteur averti sera seul sensible.

---

1. Ces quatre coups frappés à la porte du malheur font penser aux quatre coups du début de la Cinquième Symphonie de Beethoven. « Ainsi le destin frappe à la porte », commentait lui-même Beethoven.
2. Ce fait divers servira à Camus d'argument pour sa pièce Le Malentendu (1944).

6 Le personnage principal : Meursault

■■■■■ MEURSAULT ET CAMUS

Entre Camus et Meursault, les ressemblances, même extérieures, sont nombreuses. Comme l'écrivain, Meursault est jeune. « Mon cher enfant », lui dit le directeur de l'asile (p. 11) ; « Vous êtes jeune », lui dit son patron (p. 68), avant qu'il ne constate lui-même dans sa prison : « J'étais jeune » (p. 121). Ces notations insistantes n'indiquent pas d'âge précis. Faut-il admettre que Meursault s'applique à lui-même le « mourir à trente ans » formulé dans sa cellule (p. 173) ? S'il en est ainsi, il ne s'éloigne guère de Camus, qui approche la trentaine quand le roman est publié. Meursault vit dans le quartier où Camus habitait avec sa mère. Il est probablement, comme lui, orphelin de père. Tous deux ont dû interrompre leurs études, Meursault pour des raisons imprécises mais qu'on peut supposer matérielles, Camus pour raisons de santé. Être réduit à placer sa mère dans un asile, c'est ce que Camus ne fit jamais ; mais on imagine comment, l'aimant comme il l'aimait, il se fût senti coupable s'il y avait été contraint. Ainsi prête-t-il à Meursault une existence qui aurait pu être la sienne : une existence désœuvrée parce qu'il exerce, faute d'avoir mené ses études assez loin, une profession dénuée d'intérêt ; de mauvaises fréquentations ; le hasard qui le conduit un jour, parce qu'il a le sens de l'honneur, à défendre un ami de rencontre... C'est ainsi qu'on devient meurtrier.

■■■■■ UNE CONSCIENCE QUI OBSCURCIT LE SENS DES CHOSES

S'imaginer autre que l'on est, grâce à un personnage de fiction, ce peut être le moyen de se rêver plus intelligent, plus hardi ou plus expérimenté. C'est ici le contraire. Meursault restreint la conscience et l'expérience que Camus peut avoir du monde. Ce rôle joué par son personnage a été mis en valeur par Sartre dans son « Explication de *L'Étranger* » : « Entre le personnage dont il parle et le lecteur, il (Camus) va intercaler une cloison vitrée. Qu'y a-t-il de plus inepte en effet que des hommes derrière une vitre ? Il semble qu'elle laisse tout passer, elle n'arrête qu'une chose, le sens de leurs gestes. Reste à choisir la vitre : ce sera la conscience de l'Étranger. C'est bien, en effet, une transparence : nous voyons tout ce qu'elle voit. Seulement on l'a construite de telle sorte qu'elle soit transparente aux choses et opaque aux significations[1]. » Meursault est sensible au monde, c'est-à-dire vulnérable à l'ombre et à la lumière, attentif aux réactions de son entourage, sensuel dans ses relations amoureuses. Mais il ne cherche pas à interpréter ses sensations et ses perceptions. Vécues à l'état brut, celles-ci prennent plus de force que chez un être qui les passerait au filtre de sa réflexion.

Sans le savoir, Sartre reprend, avec l'image de la vitre, un symbole dont Camus s'était déjà servi dans ses *Carnets* : « La femme qui vit avec son mari sans rien comprendre. Il parle un jour à la radio. On la met derrière une glace et elle peut le voir sans l'entendre. Il fait seulement des gestes, c'est tout ce qu'elle sait. Pour la première fois, elle le voit dans son corps, comme un être physique, et aussi comme un pantin qu'il est[2]. » Les gestes apparaissant à la femme en eux-mêmes, et non plus accompagnant des paroles, son mari lui est révélé dans son apparence physique, indépendamment du sens qu'elle donne d'ordinaire à leur relation. Dans *L'Étranger*, en voyant le monde à travers la conscience de Meursault, nous découvrons des situations et nous accédons à des perceptions coupées du sens qu'elles prennent pour nous dans la vie.

La réflexion des *Carnets* a d'abord une valeur morale : la situation insolite de l'épouse révèle à celle-ci l'inauthenticité de sa vie conjugale ; dans *L'Étranger*, de même, la conscience brute de Meursault démasquera la comédie de la vie, en particulier lors du procès, où les acteurs deviennent eux aussi des « pantins ». La réflexion de Sartre va plus loin ; d'ordre non seulement moral, mais littéraire, elle montre comment

---

1. Publié dans J.-P. Sartre, *Situations I* (p. 106-107).
2. A. Camus, *Carnets*, I (Éd. Gallimard, 1962, p. 156-157), noté par Camus pendant l'année 1939, c'est-à-dire pendant la rédaction de *L'Étranger*.

la conception du personnage de Camus hérite de celle qu'on trouvait dans les romans de Joyce ou de Faulkner, d'où disparaissait le créateur tout-puissant qui organise et hiérarchise les êtres et les choses ; elle anticipe sur la conception que développeront plus tard les théoriciens du « nouveau roman ».

■■■■ UN PERSONNAGE DE « NOUVEAU ROMAN »

Dans les années 1950, Alain Robbe-Grillet s'en prendra à la critique traditionnelle suivant laquelle « un personnage doit avoir un nom propre, double si possible : nom de famille et prénom. Il doit avoir des parents, une hérédité. Il doit avoir une profession. S'il a des biens, cela n'en vaudra que mieux. Enfin, il doit posséder un ''caractère'', un visage qui le reflète, un passé qui a modelé celui-ci et celui-là. Son caractère dicte ses actions, le fait réagir de façon déterminée à chaque événement. Son caractère permet au lecteur de le juger, de l'aimer, de le haïr ». Et Robbe-Grillet constate, citant notamment *L'Étranger*, qu'« aucune des grandes œuvres contemporaines ne correspond sur ce point aux normes de la critique[1] ».

Il est vrai que Meursault ne répond guère aux caractéristiques du « personnage » tel qu'on le rencontre chez Balzac. S'il a un nom, il n'a pas de prénom (on ignore comment Marie l'appelle) : les deux syllabes qui suffisent à le désigner y gagnent une valeur symbolique plus forte. On sait qu'il n'a guère de « biens » : cette pauvreté contribue à faire de lui une victime de la société. Sa profession est à peine évoquée : employé de bureau, il s'occupe de « connaissements » (p. 43), c'est-à-dire des récépissés du chargement des marchandises transportées par bateau ; il travaille donc dans une compagnie maritime et apparaît, jusque dans son métier, de manière peut-être symbolique, comme un homme de la mer. Son aspect physique ne se devine qu'à son dégoût pour les gens qui ont la peau blanche. De son passé (études interrompues, vie avec sa mère), nous savons très peu de chose. On apprend au passage qu'il a, « dans un temps », séjourné à Paris (p. 70).

---

1. A. Robbe-Grillet, *Pour un nouveau roman* (« Idées », NRF, p. 31-32 ; publié précédemment aux Éditions de Minuit, 1963). A. Robbe-Grillet est surtout l'un des principaux représentants de ce que l'on a appelé le « nouveau roman » (*Les Gommes, Le Voyeur, La Jalousie*, etc.).

On ne saurait lui refuser un « caractère ». Les lecteurs l'ont jugé, parfois, comme un nouveau Christ, parfois comme un attardé mental, et on a maintes fois recommencé son procès, tantôt pour l'absoudre, tantôt pour le reconnaître coupable. Certains critiques l'estiment aussi représentatif d'une époque que le Werther de Goethe ou le René de Chateaubriand. « S'il ne restait comme témoignage de l'homme actuel, dans quelques siècles, que ce court récit, on en prendrait une idée suffisante », écrit de façon un peu excessive Gaëtan Picon dans son *Panorama de la nouvelle littérature française* (Éd. Gallimard, 1960).

Mais, comme le souligne Robbe-Grillet, chez les personnages de romans du XIXᵉ siècle, existe un lien entre ce caractère et leur apparence physique, leur hérédité, leur condition sociale. Il en va différemment dans le cas de Meursault. Sa mère joue un rôle dans le roman, au moins dans l'évocation du passé, mais les liens qu'il a entretenus avec elle demeurent mal expliqués. S'il est vrai qu'il a tué, rien ne paraissait l'y prédisposer. Il n'est déterminé par rien, sinon par la pulsion et le hasard de l'instant. Meursault, personnage de « nouveau roman » ? Oui, au moins parce qu'il impose de remettre en question la notion de personnalité telle que l'entend l'humanisme traditionnel. Mais, nous verrons (p. 73) que la parenté de Meursault avec les héros de Michel Butor ou de Robbe-Grillet entraîne aussi des parentés dans le style du roman.

UN CAMUS « RATÉ » ?

Deux raisons nous invitent à nous demander si Camus n'a pas, en imaginant son personnage, donné forme à la partie la plus médiocre de lui-même :

— il lui refuse l'ambition et les chances dont il a lui-même disposé ;

— il le dote d'une conscience étroite alors qu'il a toujours étonné son entourage par son ouverture d'esprit. Meursault serait-il donc un Camus « raté » ?

On voit dans les *Carnets* combien Camus se soucie, vers les années 1937-1938, de faire quelque chose qui lui permette d'échapper à la médiocrité de la vie : « Noter <u>tous les jours</u> dans ce cahier : Dans deux ans écrire <u>une œuvre</u> », lit-on dans des pages rédigées en 1938[1]. Il a songé au théâtre (mais *Caligula* ne le satisfait pas), au roman (*La Mort heureuse* ne le satisfait pas davantage), à écrire une thèse, enfin à partir pour l'Indochine. Meursault (qui a, il est vrai, dû interrompre ses études plus tôt que Camus) ne songe à rien de tout cela. Il refuse même la promotion que lui propose son patron parce qu'elle l'obligerait à habiter Paris (en dépit de son attachement pour l'Algérie, Camus acceptera de s'exiler). Faut-il conclure avec P.-G. Castex que Meursault est incapable d'un « sursaut salutaire » et qu'il « n'a pas su faire le pari que Camus a tenu et gagné[2] » ? Nous croyons plutôt que la vérité de Meursault est ailleurs. Ses études terminées, il a pris conscience « qu'on ne changeait jamais de vie, qu'en tout cas toutes se valaient » (p. 68). Camus pense certes différemment à une époque où il est hanté par la peur de la routine, d'une semaine de quarante heures qui ne vous laisse ni le temps ni le goût de vous épanouir. Il n'empêche : la résignation de Meursault, pour être à l'opposé des craintes d'enlisement de Camus à l'époque où il compose *L'Étranger*, a aussi sa valeur, y compris aux yeux de Camus lui-même.

▬▬ LA SAGESSE
D'UN MÉDITERRANÉEN

« Peu de gens comprennent qu'il y a un refus qui n'a rien de commun avec le renoncement. Que signifient ici les mots d'avenir, de mieux-être, de situation ? Que signifie le progrès du cœur ? Si je refuse obstinément tous les « plus tard » du monde, c'est qu'il s'agit aussi bien de ne pas renoncer à ma richesse présente[3]. » Ces phrases, Camus les a écrites dans *Noces*, vers 1938, à une époque où il travaille déjà à *L'Étranger*. Elles paraissent bien en accord avec l'indifférence de Meursault, qui refuse d'accepter la promotion que lui propose son patron parce qu'il trouve cela « sans importance réelle » (p. 69).

Son manque d'ambition fait de Meursault un philosophe au meilleur sens du terme, c'est-à-dire qu'il vit comme un sage. Cette sagesse, par la communion qu'elle implique avec la

---

1. A. Camus, *Carnets*, I (Éd. Gallimard, 1962, p. 107).
2. P.-G. Castex, *op. cit.* (p. 73).
3. A. Camus, *Essais* (Éd. Gallimard, Bibliothèque de la Pléiade, p. 63).

nature, n'en est pas moins créatrice : « Le contraire d'un peuple civilisé, écrit encore Camus dans *Noces*, c'est un peuple créateur. Ces barbares qui se prélassent sur les plages, j'ai l'espoir insensé qu'à leur insu peut-être ils sont en train de modeler le visage d'une culture où la grandeur de l'homme trouvera enfin son vrai visage[1]. » « J'entends bien, concède-t-il ailleurs, qu'un tel peuple ne peut être accepté de tous. Ici, l'intelligence n'a pas de place comme en Italie[2]. »

Camus, au moment où il écrit *L'Étranger*, est-il en mesure de se conformer aux vertus d'un tel peuple ? Il prétend, dans ses *Carnets*, assumer sa fonction d'intellectuel ; or, l'intellectuel, c'est « celui qui se dédouble[3] ». Dans d'autres pages, il voudrait à l'inverse ne faire qu'un avec le monde : « Ne pas se séparer du monde. On ne rate pas sa vie lorsqu'on la met dans la lumière[4]. » Mais il a de plus en plus tendance à écrire, dans l'ombre, sur ceux qui prennent des bains de mer plutôt qu'à en prendre lui-même. Meursault, en communiant avec la nature en compagnie de Marie, est au meilleur sens du terme un « barbare » ; Camus, écrivant leur aventure, un être « civilisé ». Si Camus tient à écrire, ce n'est pas parce qu'il méprise la médiocrité des Meursault qu'il a côtoyés dans sa jeunesse, mais parce que sa vie, ses études, la pente de son caractère, une santé fragile l'ont conduit à se réaliser *autrement*. Mais il a rêvé d'une autre forme de « création » : celle qu'édifient des êtres frustes sans même y penser. Bref, nous croyons qu'en composant le personnage de Meursault, il éprouve plus de nostalgie que de condescendance.

Véritable hymne à la Méditerranée, *Noces* éclaire d'autres aspects du caractère de Meursault. Son apparente insensibilité à l'enterrement de sa mère, dans un pays où « tout ce qui touche à la mort est ridicule ou odieux[5] », peut s'interpréter comme une forme de stoïcisme ou de dignité. Le combat sur la plage répond aux règles d'une morale d' « homme », en vertu de laquelle « on ne tombe pas à deux sur un adversaire[6] » : Meursault, qui montrera sa bravoure en demeurant aux côtés de Raymond quand il jugera son ami menacé,

---

1. A. Camus, *Essais* (Éd. Gallimard, Bibliothèque de la Pléiade, p. 74).
2. *Ibid.*
3. *Carnets*, I (Éd. Gallimard, 1962, p. 41).
4. *Ibid.* (p. 37-38).
5. A. Camus, *Essais* (Éd. Gallimard, Bibliothèque de la Pléiade, p. 73).
6. *Ibid.* (p. 72).

s'abstient d'intervenir lors de la première empoignade et laisse ses amis « s'expliquer » à deux contre deux. Au procès, Céleste témoignera, du reste, que Meursault est un « homme », ajoutant « que tout le monde savait ce que cela voulait dire » (p. 141) : dans les pays méditerranéens, volontiers machistes[1], un « homme » a du courage, le sens de l'honneur et de la foi jurée. Enfin, l'amoralisme de Meursault étonnera moins le lecteur si celui-ci admet que « la vertu est un mot sans signification dans toute l'Algérie », au point que l'enfer n'est là-bas qu'une « aimable plaisanterie[2] ». La nature y offre tant de richesses aux habitants qu'ils n'ont nulle idée d'aspirer à un au-delà. Par sa complète absence d'inquiétude métaphysique, Meursault est encore un Méditerranéen.

▄▄▄▄▄ ÉTRANGER

Le mot d' « étranger » revient avec une telle fréquence dans les pages des *Carnets* datant de la genèse du roman que son titre semble répondre à une sorte de nécessité. Parfois, Camus l'emploie dans un sens ordinaire pour l'élargir ensuite. Ainsi, dans ces notations, qui sont celles d'un Algérois s'éveillant à Paris, dans une ville où il s'est toujours senti exilé : « Que signifie ce réveil soudain — dans cette chambre obscure — avec les bruits d'une ville tout d'un coup étrangère ? Et tout m'est étranger, tout, sans un être à moi, sans un lieu où refermer cette plaie. [...]. Étranger, qui peut savoir ce que ce mot veut dire[3] ? » Le mot « étranger » revient trois fois en quelques lignes. A cette époque, en mars 1940, « tout concourt à nourrir le roman[4] », c'est-à-dire que ses sensations, ses expériences, ses réflexions semblent tournées vers l'œuvre à laquelle il travaille. Un peu plus loin, il note : « Étranger, avouer que tout m'est étranger[5]. » Ainsi part-on d'une impression physique, que tout voyageur a ressentie, pour aboutir à une signification métaphysique.

---

1. De « macho » ; en espagnol : mâle. Le machisme suppose une société dominée par l'homme. Notons que Raymond Sintès, Marie Cardona et le vieux Pérez ont des noms d'origine espagnole, Salamano d'origine italienne.
2. A. Camus, *Essais* (Éd. Gallimard, Bibliothèque de la Pléiade, p. 63).
3. *Carnets*, I (Éd. Gallimard, 1962, p. 201-202).
4. R. Grenier, *Albert Camus. Soleil et ombre* (Éd. Gallimard, 1987, p. 84).
5. *Carnets*, I (p. 202).

Robert Champigny a fort bien posé, dans les premières pages de son ouvrage consacré à *L'Étranger*, les problèmes touchant au titre de l'œuvre : « Jusqu'au moment où il est jugé, Meursault ne se sent étranger en aucune manière. Il ne se sent étranger ni par rapport à la réalité ni par rapport à la société[1]. » Son accord avec la nature est même assez parfait pour n'être jamais mis en question. Il parle de la mer, du sable, du soleil comme nous parlerions de l'air que nous respirons. Il faudra que la société l'en prive pour qu'il cherche à établir un rapport — qui est désormais celui de l'absence, de la séparation — avec ce qui était jusqu'alors son élément naturel. De même, sa façon d'être avec les autres : les mots « amitié », « amour » supposent chez celui qui les prononce une prise de conscience de ses rapports avec ses semblables. Meursault ne se pose pas le problème des rapports humains : il les vit, et il est étonné (mais disponible) quand Raymond lui offre son amitié ou Marie son amour.

Tout change à partir du procès : « On avait l'air de traiter cette affaire en dehors de moi. Tout se déroulait sans mon intervention. Mon sort se réglait sans qu'on prenne mon avis » (p. 151-152). Tant qu'il était libre, Meursault avait montré une étonnante passivité devant les êtres et les choses ; il n'avait pas le moindre goût pour l'aventure et le dépaysement : son seul univers était celui de son bureau, de son quartier, du port, de la plage quand il s'y trouvait invité. Avait-il une journée de loisir ? Il la passait à son balcon. Ses amis étaient ses voisins de palier, son collègue de bureau, son restaurateur. Tout au plus, l'enterrement de sa mère nous a-t-il permis de le voir échapper à la routine quotidienne. A l'asile de Marengo, puis lors des obsèques, il s'est montré attentif à tout ce qui lui apportait du nouveau : les visages des gens, leur façon de se vêtir, le cérémonial de l'enterrement. A plus forte raison son emprisonnement et son procès lui ouvrent-ils, si l'on ose dire, des horizons : il assiste à son procès comme à un spectacle ; il remarque l'emphase des orateurs, le comportement des journalistes, et — chose nouvelle — se livre à des déductions sur les sentiments de ceux qu'il côtoie.

S'il est étranger, c'est donc dans un premier sens parce qu'on l'a dépaysé alors qu'il y était si peu préparé (peut-être

---

1. R. Champigny, *Sur un héros païen* (Éd. Gallimard, 1959, p. 16).

se serait-il senti de même, au sens le plus élémentaire du mot, « étranger » à Paris s'il avait accepté l'offre de son patron). Il est presque aussi étranger à son pays, à ses coutumes, à ses lois que le Huron de *L'Ingénu*, de Voltaire, quand il débarque en France ; et c'est parce qu'il est assez naïf pour s'étonner qu'on le tienne à l'écart dans des circonstances où il devrait jouer le premier rôle, que se trouve accentué jusqu'à la satire le caractère rituel et désincarné de la société, et en particulier d'une justice qui fonctionne en paraissant ignorer le principal intéressé.

■■■■ ÉTRANGER OU ÉTRANGE ?

Que Meursault ne se sente pas étranger au monde, du moins tant que ce monde ne se transforme pas en un décor d'apparat peuplé de fantoches, n'empêche pas que le lecteur puisse voir en lui un étranger. Encore faut-il distinguer les notions d' « étranger » et d' « étrange », que l'on confond parfois. Le mot « étrangeté » désigne « ce qui est étrange » (ainsi Camus parle-t-il dans *Le Mythe de Sisyphe* de « l'étrangeté d'une vie d'homme ») ; en revanche, le français ne dispose pas de substantif courant pour désigner « ce qui est étranger ».

On peut trouver de l'étrangeté (c'est-à-dire un caractère étrange) dans l'attitude de Meursault. Tout d'abord, sa nonchalance, qui se traduit par une extraordinaire propension au sommeil : il s'assoupit dans l'autobus qui le conduit à l'asile, puis devant le cercueil, se réjouit à la perspective de dormir « pendant douze heures » (p. 31). Il a ensuite « de la peine à [se] lever » (p. 33). Le lendemain, il dort « jusqu'à dix heures » (p. 36). Quand Raymond vient frapper à sa porte à trois heures de l'après-midi, il le trouve couché (p. 62) ; il bâille quand Salamano lui raconte son histoire (p. 75) ; enfin — mais il s'agit cette fois d'une triste réalité de l'univers carcéral, qui vaudrait pour d'autres prisonniers — il dort, dans sa cellule, de seize à dix-huit heures par jour (p. 123-124). Mais le caractère étrange de Meursault nous est aussi sensible grâce aux impressions des autres personnages du roman : son indifférence devant son avenir surprend son patron, son indifférence devant le mariage surprend Marie, et son comportement déconcerte son avocat. Sans doute y a-t-il une opacité du *personnage*, due à la forme même du roman : c'est Meursault lui-même qui raconte l'histoire, avec une conscience réduite, sans permettre au lecteur aucun recul. Mais il existe aussi une opacité de l'*homme* que ce personnage est censé recouvrir. En somme, la forme choisie par Camus répond à son intention : ce récit, où les événements sont réduits à leur brutalité, traduit la psychologie d'un être qui ne se pose guère de questions. Inversement, dans *La Chute*, Camus écrira un monologue brillant qui, par sa forme même, traduira le vertige de la parole d'un être ironique, voué aux apparences.

Mais l'étrangeté de Meursault débouche souvent sur un comportement d'étranger. Dormir avec autant d'obstination, c'est une manière de se retirer du monde. Meursault est étranger aux conventions sociales, aux règles de la justice. Il dira lui-même, parlant du procureur : « Il a déclaré que je n'avais rien à faire avec une société dont je méconnaissais les règles les plus essentielles » (p. 157). Il est aussi étranger à lui-même : lorsqu'il a tiré sur l'Arabe, sa main était étrangère à son cœur et à son esprit ; à l'enterrement de sa mère, où il s'est rendu dans un état voisin du somnambulisme, c'est le fantôme de lui-même qui a assisté aux obsèques ; aujourd'hui que se déroule son procès, il est étranger à celui qu'il était lorsqu'il a commis le crime ; et s'il a agi ainsi, c'est parce qu'il a toujours été étranger à Dieu. C'est du moins ce dont voudraient le convaincre ceux qui lui veulent du bien : le juge d'instruction, l'aumônier. Ils se donnent la noble tâche de recoller les morceaux de cette personnalité émiettée, de réconcilier le corps — une fois sa juste punition accomplie — avec le cœur et l'esprit ; ils veulent exorciser le Meursault d'hier à condition que le Meursault d'aujourd'hui prenne en charge ses fautes et son passé, et le remettre enfin dans le sein de Dieu pourvu qu'il veuille bien croire qu'il a une âme, c'est-à-dire un principe unificateur de sa personnalité au nom duquel les actes qui l'éloigneraient d'une conduite tracée seraient qualifiés d'égarement.

■■■ LE RÉVOLTÉ

Ses bienfaiteurs (le juge d'instruction, puis l'aumônier), en voulant amener Meursault à renoncer à son caractère d'étranger, vont provoquer en lui une révolte au terme de laquelle il le revendiquera ; du moins, va-t-il y gagner une personnalité consciente d'elle-même. Il découvre en effet que sous prétexte de le réintégrer à la société, on veut l'expulser de lui-même, et qu'on est qualifié d' « étranger » par les hommes quand on refuse les règles du jeu qu'ils ont inventées. Les « cris de haine » qu'il appelle de ses vœux à la fin du récit expriment le désir, porté à son paroxysme, d'être séparé des hommes. Paroxysme qui pousse le sentiment jusqu'à sa contradiction : souhaite-t-on la haine des hommes quand on leur est totalement étranger ? Au moins ces cris de haine attesteront-ils, à leur manière, la fraternité retrouvée et désormais lucide de Meursault avec un autre monde (celui de la tendresse, de l'instinct, d'une communion spontanée avec la nature), ce monde que la société des hommes ignore ou réprouve.

Ainsi Meursault se rend-il, au dénouement, définitivement étranger à la société. Se pose alors la question de son rapport avec le lecteur. Si nous lisons le roman comme le souhaitait probablement Camus, nous n'épousons pas le point de vue des juges et de l'aumônier, nous ne *condamnons* pas Meursault, et nous ne souhaitons pas davantage, pour pouvoir l'absoudre, qu'il se convertisse aux règles du jeu social. Nous admettons que c'est en demeurant « étranger » qu'il garde son authenticité, de même que dans *Le Rouge et le Noir*, nous ne souhaitons pas que Julien Sorel s'évade ou soit acquitté au prix d'un repentir, parce que nous ne reconnaîtrions plus en lui le héros que nous avons admiré. Mais nous comprenons les motifs qui ont poussé Julien Sorel au crime (désir d'élévation sociale, passion, volonté de se venger), tandis que Meursault demeure une énigme.

Et pourtant, Meursault se raconte : l'œuvre se présente même comme une sorte de confession. Or, cette confession n'apparaît nullement comme une tentative de justification ; elle est un document brut (jusque dans l'extrême dépouillement du style, à l'opposé des effets qu'affectent d'ordinaire les plaidoiries), qui témoigne de ce qu'est Meursault. Mais, en écrivant le récit à la première personne, Camus suggère que son héros adresse au lecteur ce témoignage. Ainsi sommes-nous conduits à lire le texte comme la profession de foi d'un homme qui a toujours refusé de transiger, y compris dans son langage, et en appelle à la haine dans ses derniers instants. Devant cette profession de foi d'un révolté, le lecteur peut répondre à la haine par la haine ; il peut réagir chrétiennement, en souhaitant qu'avant de mourir Meursault ait reçu la grâce de revenir à de meilleurs sentiments ; il peut aussi prendre la révolte pour ce qu'elle est, avec son mystère et sa grandeur, surtout quand elle conduit à affronter la mort avec courage.

▭ « MARTYR DE LA VÉRITÉ »

Étrange attitude, en somme, que celle qui consiste à mourir pour une cause dont on n'arrive pas même à communiquer les motifs. C'est la révolte pour elle-même, dont Camus a montré la grandeur dans *L'Homme révolté*. On peut aussi, comme Pierre-Georges Castex, considérer Meursault comme un « martyr de la vérité[1] », en rappelant ce que disait Camus dans sa préface à l'édition universitaire américaine de *L'Étranger* : « [Meursault] refuse de mentir. Mentir ce n'est pas seulement dire ce qui n'est pas. C'est aussi, c'est surtout dire plus que ce qui est, et, en ce qui concerne le cœur humain, dire plus qu'on ne sent. C'est ce que nous faisons tous, tous les jours, pour simplifier la vie. Meursault, contrairement aux apparences, ne veut pas simplifier la vie. Il dit ce qu'il est, il refuse de masquer ses sentiments et aussitôt la société se sent menacée. On lui demande par exemple de dire qu'il regrette son crime, selon la formule consacrée. Il répond qu'il éprouve à cet égard plus d'ennui que de regret véritable. Et cette nuance le condamne. [...] On ne se tromperait donc pas beaucoup en lisant dans *L'Étranger* l'histoire d'un homme qui, sans aucune attitude héroïque, accepte de mourir pour la vérité[2]. »

Ce souci de la vérité, on le trouve chez Meursault dans son attention au langage : il est un « puriste », au meilleur sens du terme, c'est-à-dire soucieux de l'adéquation de ce qu'on dit et de ce qu'on pense. Ainsi trouve-t-il le télégramme de l'asile peu clair : « Cela ne veut rien dire » (p. 9). Il a remarqué que Masson complétait « tout ce qu'il avançait par un ''et je dirai plus'', même quand, au fond, il n'ajoutait rien au sens de sa phrase » (p. 82) : cet ornement oratoire ridicule nuit,

---

1. P.-G. Castex, *Albert Camus et « L'Étranger »* (José Corti, 1965, p. 98).
2. A. Camus, *Théâtre, Récits, Nouvelles* (Éd. Gallimard, Bibliothèque de la Pléiade, p. 1928).

en fait, à l'expression de la simple vérité. Même à l'énoncé de sa condamnation, c'est à la forme « bizarre » (p. 164) sous laquelle elle est présentée qu'il est avant tout sensible.

Lui-même cherche constamment à ne pas dépasser sa pensée. Prêt à se justifier devant Marie, qui a eu un mouvement de recul quand il lui a annoncé qu'il avait perdu sa mère la veille, il allait lui dire que « ce n'était pas de [sa] faute » ; mais il s'est rendu compte que « cela ne signifiait rien » (p. 35). À son avocat, qui le pressait d'exprimer des regrets sur la mort de sa mère, il a répondu qu'il l'aimait bien, mais que « cela ne voulait rien dire » (p. 102). On peut supposer, en paraphrasant ce que dit Camus dans sa préface, qu'il eût suffi à Meursault de dire, comme tout le monde, des mots auxquels il ne pensait pas vraiment pour apitoyer les jurés et sauver sa tête.

Cette « justesse[1] » de la pensée et de l'expression de Meursault, loin de représenter une qualité purement négative, le pousse à prêter une oreille favorable à tout ce qui vient des autres. Quand le concierge de l'asile lui parle, il trouve ce qu'il dit « juste et intéressant » (p. 16). De même trouve-t-il « intéressant » ce que lui raconte Raymond (p. 47). Le même adjectif revient encore deux fois dans la suite du roman (p. 151 et 168).

Devant toute idée, Meursault pèse scrupuleusement le pour et le contre, et plusieurs critiques ont relevé dans son langage la fréquence d'expressions du genre : « Dans un sens... dans un autre... » Cette attitude a quelque chose de comique quand il l'applique systématiquement à des réflexions banales comme celle de Raymond : « le temps passait vite », ce qui fait dire à Meursault : « dans un sens, c'était vrai » (p. 55) ; mais elle témoigne d'une belle ouverture sur ses semblables quand elle le conduit à épouser les raisons du mécontentement de son patron (p. 33) ; elle devient même franchement émouvante quand elle lui fait admettre les privations qu'on lui inflige (p. 122), ou lui fait comprendre que le condamné à mort soit appelé à collaborer à sa propre exécution pour assurer le bon fonctionnement de la justice (p. 170). Cette docilité ne contredit pas sa nature de révolté : Meursault n'entrera jamais

---

1. Expression employée par R. Champigny, *Sur un héros païen* (Éd. Gallimard, 1959).

dans le jeu de la société, mais, en tant qu'observateur étranger à ce jeu, il admet fort bien que celui-ci ait ses règles.

Ces qualités de « justesse » sont reconnues par Céleste, qui témoigne que Meursault ne parlait pas « pour ne rien dire » (p. 141-142), et par l'avocat général, qui note que Meursault « connaît la valeur des mots » (p. 154), constatation qui aggrave sa culpabilité. Cette façon d'être est au centre de sa personnalité d'étranger. Étranger à un monde où chacun se paie de mots, et où l'on se disculpe en forçant un peu l'expression de ses sentiments, Meursault, à l'inverse de ces intellectuels que Camus rejoint malgré lui, refuse de se « dédoubler » ; il refuse d'avoir une apparence et, en particulier, un langage qui trahiraient son être profond. Il vit, il aime, il désire, autant de sentiments trop authentiques pour épouser facilement les conventions du langage. Si Meursault est condamné, c'est parce qu'il a refusé de jouer la comédie de la parole, forme la plus manifeste de la comédie humaine. Julien Sorel, dans *Le Rouge et le Noir*, refuse, lui aussi, de jouer la comédie du langage : il le fait en disant aux jurés la stricte vérité, à savoir qu'un jeune homme pauvre va être jugé par des favorisés de la fortune, ce qui lui coûtera la vie. Moins inspiré que Julien, Meursault refuse la comédie en s'obstinant dans le silence, tout aussi mal compris par les jurés.

▬▬▬ LE COUPABLE

Jusqu'à quel point Meursault est-il vraiment coupable ? Peut-on considérer sa condamnation à mort comme le résultat d'une erreur judiciaire ? Il est certain que les jurés se trompent en croyant que le crime a été prémédité et que Meursault est complice des activités de souteneur de Raymond. On notera encore que si l'arme se trouvait dans sa poche, c'est parce qu'il l'avait prise à Raymond, de peur que celui-ci s'en servît. Mais il est vrai que Meursault a fait montre d'insensibilité à la mort de sa mère, au point d'amorcer dès le lendemain une liaison amoureuse, vrai aussi qu'il a agressé l'Arabe alors que celui-ci ne songeait sans doute qu'à se défendre, vrai enfin qu'il a tiré sur son adversaire quatre fois, alors même que celui-ci était hors d'état de nuire. Nous verrons plus loin que la valeur exemplaire du roman vient non du concours de circonstances qui place Meursault au cœur d'une affaire sordide, mais d'un enchaînement logique des faits qui met en cause la justice humaine.

Cet enchaînement logique, précisément, échappe à Meursault. Il ne lui était pas venu à l'esprit, avant la visite de son avocat, que la mort de sa mère pût jouer un rôle dans le procès ; il ne voit pas pourquoi l'intelligence qu'on lui reconnaît sert d'argument contre lui (p. 154) ; il lui faudra du temps pour s'habituer à l'étiquette de « criminel » que la société lui a normalement donnée aussitôt après le meurtre (« C'était une idée à quoi je ne pouvais pas me faire », p. 109). Enfin, il résiste en toute bonne foi, et non simplement pour se défendre, au système de causalité dans lequel le tribunal veut l'enfermer. L'important, pour les juges, est d'établir un rapport entre le criminel en puissance et le criminel accompli, de cerner le moment où Meursault a obéi aux mobiles de son crime, de définir les raisons du passage à l'acte. De même, l'important sera, pour ceux qui veulent l'aider (l'aumônier et, dans une certaine mesure, le juge d'instruction), de dissocier chez le criminel accompli ce qui est bon, donc susceptible de repentir, de ce qui est mauvais et doit être racheté, fût-ce par la mort.

Or, Meursault est incapable d'analyser sa personnalité (comme le ferait un intellectuel qui se « dédouble »), c'est-à-dire d'en distinguer les éléments, comme il est incapable de se séparer du cadre qui l'entoure. Sa réponse à l'avocat général : « C'était à cause du soleil » (p. 158) traduit le plus exactement possible la façon dont il considère un drame cosmique dans lequel il ne joue qu'un rôle accessoire. Cette réponse ne déclenche des rires dans l'assistance que parce que la société a pris l'habitude de considérer que la psychologie et la morale suffisent à rendre compte de tous nos actes. La réflexion naïve de Meursault témoigne au contraire d'une mentalité primitive, en vertu de laquelle le cosmos est un tout et l'homme seulement une de ses parties.

Pour résumer, Meursault a toutes raisons de ne pas comprendre grand-chose au procès qu'on lui intente. D'abord, on rend sa conscience coupable d'un crime dont le premier responsable est le soleil (cette « grande brute », comme l'appelle Camus dans ses *Carnets*). Ensuite, n'ayant pas conscience qu'il a volontairement dégainé et tiré, il ne comprend pas qu'on puisse lui couper la tête pour un acte commis par sa main. Mais, surtout, il ne peut admettre qu'au nom d'une conception globale de la personnalité, on juge l'accusé pour autre chose que le délit lui-même, en particulier pour la mort de sa mère dont il n'est aucunement responsable. Aux yeux de la société, Meursault est par nature un criminel, *donc* il a tué (ce que traduit éloquemment le mot de l'avocat général : « J'accuse cet homme d'avoir enterré sa mère avec un cœur de criminel », p. 148) ; à ses propres yeux, il a tué, *donc* il doit s'habituer à l'idée d'être traité en criminel.

Il reste à expliquer, sur un plan psychologique, pourquoi Meursault pressent son malheur du moment où il commet le meurtre (« Et c'était comme quatre coups brefs que je frappais sur la porte du malheur », p. 95). Tout le récit du meurtre (p. 94-95) montre qu'il se sent moins coupable d'un acte délibéré que la cause involontaire d'une destruction de l'équilibre du monde. S'il se sent fautif, c'est à la manière des Grecs de l'Antiquité qui voyaient dans le crime moins un péché qu'une souillure et considéraient les coupables comme des victimes des dieux plus encore que comme des criminels (ainsi Œdipe, banni pour avoir souillé la cité plutôt que châtié pour sa faute). Pour transcrire cette idée d'une manière qui soit plus en rapport avec la psychologie de Meursault, nous dirons avec Robert Champigny qu'en commettant son crime, Meursault sait « qu'il est en train de faire une bêtise[1] ».

██████ UN COMPORTEMENT ENFANTIN

Cette expression rend compte du comportement enfantin de Meursault. Citant « pour une fois » Jean Giraudoux, Camus écrit dans ses *Carnets* à la date du 15 octobre 1937 : « L'innocence d'un être est l'adaptation absolue d'un être à l'univers dans lequel il vit[2]. » Cette innocence est bien celle de l'enfant, qui a besoin d'une parfaite harmonie avec le monde dans lequel il grandit. Il n'a pas spontanément conscience des fautes qu'il peut commettre si les adultes ne lui expliquent pas en quoi sa conduite met ce monde en péril. Comme les enfants aussi, Meursault dit volontiers des gens qui l'entourent

---

1. R. Champigny, *Sur un héros païen* (Éd. Gallimard, 1959, p. 108).
2. *Carnets*, I (Éd. Gallimard, 1962, p. 89-90). C'est Camus qui précise : « pour une fois ».

qu'ils sont « gentils » ou « méchants ». Par ce langage puéril, il constate la manière d'être des autres et ses conséquences sur le monde plus qu'il n'en cherche les raisons. Sa mentalité est en somme la mentalité pré-morale d'un être qui sait ce qu'il faut faire ou ne pas faire, mais sans bien comprendre pourquoi. Ainsi s'explique qu'avant même d'être accusé par la société, Meursault se conduise comme un être craintif, s'excusant auprès de son patron (p. 9), du directeur de l'asile (p. 11), pensant, quand il s'adresse au concierge, qu'il n'aurait pas « dû dire cela » (p. 14), prêt encore à s'excuser auprès de Marie (p. 35) ; bref, toujours prêt à éloigner des reproches que personne ne songe à lui adresser, mais peu soucieux de se livrer à un véritable examen de conscience. Sa remarque : « On est toujours un peu fautif » (p. 35) ressemble à celle d'un enfant peureux ou désireux de ne pas mécontenter son entourage plutôt qu'à une prise de conscience de la culpabilité universelle, analogue à celle de Clamence dans *La Chute*, par exemple.

Ces symptômes d'une attitude perpétuellement craintive ne contredisent donc pas ce que Camus écrit dans ses *Carnets* à la suite de la citation de Jean Giraudoux : « L'innocent est celui qui n'explique pas. » Meursault n'explique pas ses erreurs : il s'ingénie à devancer des reproches dont il ne peut deviner la teneur. Le renversement d'attitude s'effectuera au cours du procès : « Pour la première fois, j'ai compris que j'étais coupable » (p. 138-139). Meursault sait cette fois qu'il est véritablement accusé, et ce retournement va déclencher sa prise de conscience. Mais alors qu'en s'accusant lui-même, Clamence sera miné par un sentiment de culpabilité qui débouchera sur la recherche éperdue d'un châtiment, Meursault, du moment où il est accusé par la société, va au contraire affirmer sa personnalité et se révolter contre ceux qui l'accusent.

Les personnages secondaires

◼◼◼◼ LES AMIS DE MEURSAULT

Ne se posant pas de questions sur le caractère des gens, sur ce qu'ils pensent ou ce qu'ils font, seulement attentif à ce qu'ils peuvent lui apporter de positif (intérêt de la conversation, plaisir physique), Meursault se lie aussi bien d'amitié avec un souteneur (Raymond) et ne se dira qu'à la fin du récit, quand la société l'aura privé de son « innocence », que Céleste vaut mieux que Raymond (p. 184), réflexion morale inimaginable avant son procès. Condamnés à les voir par les yeux de Meursault, nous avons du mal à nous faire une opinion de ses amis.

Sensibles à la peau brune de Marie, à sa gaieté, nous sommes réduits, dans la deuxième partie du récit, aux mêmes conjectures que Meursault : pourquoi a-t-elle cessé de lui écrire ? Donne-t-elle « sa bouche à un nouveau Meursault ? » (p. 184) Est-elle « malade ou morte » ? (p. 175) N'existant qu'à travers un personnage peu porté vers la psychologie, elle demeure pour nous une énigme. De même pour Raymond : même si Meursault manque de méfiance ou de rigidité morale pour s'acoquiner à un individu aussi louche, sa naïveté limite nos possibilités de jugement. Nous ne savons pas si Raymond fait appel à Meursault (p. 53) parce qu'il n'est pas, comme il le dit, « capable de faire la lettre » ou parce qu'il ne veut pas se compromettre en signant de son écriture des menaces qui peuvent avoir des suites judiciaires fâcheuses. En outre, demande-t-il ce service à Meursault parce qu'il le considère déjà comme un « copain » (p. 54), ou lui a-t-il proposé son amitié dans la seule intention de se servir de lui ? En bref, est-il un individu peu recommandable, mais désintéressé, ou la pire des crapules ? Il faudra, d'ailleurs, que l'avocat général prononce le mot de « souteneur » (p. 147) pour que nous puissions lui donner une étiquette avec certitude.

Mais que vaut cette certitude ? Raymond est aussi « certainement » un souteneur que Meursault est un criminel, et quels mots faudrait-il employer pour Marie si nous étions sûrs qu'elle s'est si vite consolée d'avoir perdu Meursault ? Mais ne serions-nous pas des lecteurs infidèles à la morale de Camus si, acceptant de comprendre Meursault parce qu'il s'adresse à nous, nous redevenions inflexibles à l'égard de personnages que nous ne pouvons juger que d'après leur comportement ? On se souvient qu'il y a quelques années, un condamné à mort américain nommé Cheseman avait ému le monde entier sur son sort parce qu'il avait, avec talent, raconté et publié son histoire. Le récit de Meursault a beau ne pas être une plaidoirie, son personnage acquiert, quelque forfait qu'il ait commis, une dimension humaine qui nous porte à l'indulgence. Mais une simple réflexion doit nous interdire de juger pareillement ceux qui n'ont pas eu l'occasion de nous ouvrir leur cœur.

▪▬▬▬ MARIE

Meursault aime-t-il Marie, ou n'est-elle pour lui qu'une tentation sensuelle ? Cette incertitude reflète celles de Camus. Il note en effet, dans ses *Carnets*, qu'on ne peut imaginer qu'un homme normal résiste à un véritable attrait sexuel, ce qui pose le problème de la fidélité en amour et de la foi conjugale. Lui-même l'a expérimenté à l'occasion d'un premier mariage éphémère et malheureux avec cette jeune fille (Simone Hié) considérée comme la plus belle de tout Alger. Sans doute ne résistèrent-ils ni l'un ni l'autre à l'épreuve de la fidélité : dès l'été 1936, leur union était rompue. Un an après, en septembre 1937, voyageant à Florence, Camus observe « les seins libres, les yeux et les lèvres qui vous laissent avec des battements de cœur, la bouche sèche et une chaleur aux reins[1] ». La beauté des femmes d'Alger, aperçues dans la rue ou à la sortie des bains de mer, inspire quelques-unes des plus belles pages de *Noces*.

Mais Marie est l'élément purement charnel d'une tentation qui s'étend aux éléments naturels dans leur ensemble. « J'avais laissé ma fenêtre ouverte et c'était bon de sentir la nuit d'été couler sur nos corps bruns » (p. 58), écrit Camus pour évoquer la seconde nuit d'amour de Meursault. Eût-il

---

1. *Carnets*, I (Éd. Gallimard, 1962, p. 73).

aimé Marie s'il l'avait rencontrée dans une froide contrée de l'Europe du Nord et que sa peau eût été blanche ? Sans doute, en acceptant de vivre à Paris, Meursault serait-il privé de sensualité et d'amour. C'est moins par attachement pour Marie que pour ce qu'elle représente qu'il refuse de s'exiler. En faisant un choix inverse, Camus dut regretter les belles Algéroises qu'il avait célébrées dans *Noces* et ailleurs.

Quelle chance un amour aussi épidermique, nourri par la beauté d'un décor, a-t-il de durer ? Meursault ne se le demande pas. Son amour n'est jamais formulé, au point qu'au cours du procès, lorsqu'on désigne sa compagne en l'appelant sa « maîtresse », il ne la reconnaît pas dans cette expression, parce que, pour lui, elle est simplement Marie (p. 153). Vivant dans l'instant, il juge saugrenue la question du mariage qui, par définition, engage l'avenir. Dans tous les mythes de l'Occident, l'amour est une projection vers l'éternité, et l'on sait que dans les chansons, il rime volontiers avec « toujours ». Rien de plus étranger à la mentalité de Meursault.

La perspective du roman à la première personne rend Marie tributaire du regard et des sensations de Meursault. Au-delà de ces sensations auxquelles la réduit son amant, elle n'a pour le lecteur aucune existence. Son effacement vers la fin du roman est significatif. « Morte, elle ne m'intéressait plus » (p. 175). On ne saurait bafouer avec plus de cynisme le traditionnel idéal amoureux. Ainsi, après avoir enterré sa mère sans la moindre sentimentalité au début du roman, Meursault s'apprête-t-il à enterrer sans plus de larmes celle qui souhaitait devenir son épouse. A supposer que les jurés aient pu lire dans son cœur, ils n'auraient pas trouvé dans les élans amoureux de Meursault de circonstances atténuantes en sa faveur, tout au contraire.

■■■ FIGURES DE RENCONTRE

Marie et Raymond participent de près à la vie de Meursault après la mort de sa mère. On notera, du reste, que c'est seulement après cet événement que la première devient sa maîtresse, et le second son ami, ce qui laisse supposer que, avant le début du récit, sa vie était un désert affectif. D'autres personnages apparaissent dans le roman comme de simples silhouettes et n'ont avec l'intrigue qu'un rapport plus éloigné.

Un romancier soucieux de distinguer les personnages qui participent vraiment à l'action, ou à l'enrichissement du caractère de Meursault, ou à la portée morale de l'œuvre, aurait calculé leurs apparitions suivant une signification préétablie et hiérarchisée ; ici, nous sommes tributaires du regard de Meursault, qui enregistre ce qui s'offre à ses yeux sans le moindre préjugé.

C'est ainsi qu'une page et demie, d'une totale gratuité, est consacrée au spectacle d'une « bizarre petite femme » aux « gestes saccadés » (p. 71) qui dîne chez Céleste en face de Meursault, simplement parce que celui-ci n'avait alors rien d'autre à faire que l'observer. Nous la retrouverons au procès (p. 133), auquel elle assiste en simple curieuse : c'est à son tour d'observer Meursault. Elle n'a pris une part aussi importante dans le roman que parce qu'elle est apparue à Meursault à un moment où celui-ci était totalement désœuvré.

Céleste, Salamano, le vieux Pérez interviennent de manière aussi gratuite. On les voit seulement plus souvent (Céleste, Salamano) ou à des instants plus dramatiques (Pérez, ou encore Masson), si bien que le lecteur ne peut constater leur présence avec la même neutralité que Meursault : nous sommes conduits à leur donner un sens à l'intérieur de l'œuvre. Ces personnages deviennent en effet, même si Meursault n'en prend pas conscience, des acteurs du drame. Après le crime, nous devinons en eux des témoins en puissance. Meursault, lui, ne s'attendait pas à les voir convoqués à la barre. Les voyant surgir du public « tout à l'heure informe » (p. 133), il s'étonne de « ne pas les avoir aperçus plus tôt » (p. 133). Le voisinage, dans la salle, de figures aussi diverses que celles de Céleste, de Marie et de la « petite bonne femme », en un mot de gens qui ont joué dans son existence un rôle aussi inégal, ne soulève en lui aucune question. Du moins n'a-t-il pas « le temps d'(y) réfléchir ».

A plus forte raison établissons-nous des liens de portée sentimentale et morale auxquels Meursault ne songe pas. Les notations pittoresques par lesquelles il décrit le visage du vieux Pérez (les lèvres tremblantes « au-dessous d'un nez truffé de points noirs », la « couleur rouge sang » des oreilles, p. 26) émeuvent le lecteur qui interprète ces détails comme les signes d'une tragédie silencieuse. De même, les efforts ingénieux du vieillard s'essoufflant à suivre par une route qui coupe à travers champs l'itinéraire sinueux du convoi funéraire sont-ils, par-delà le rapport froidement descriptif qu'en donne Meursault, un témoignage de l'affection qui unissait deux êtres délaissés. Au procès, la présence du vieux Pérez est inexplicable pour Meursault ; en réalité, le seul homme qui ait pleuré à la mort de madame Meursault (alors que son fils se montrait insensible) n'a pas besoin de parler ; il lui suffit de paraître pour devenir un témoin à charge.

Il arrive pourtant que Meursault se laisse aller à des associations d'idées qui baignent le roman d'une tendresse dont il est inconsciemment le révélateur. Ainsi, quand il entend le vieux Salamano pleurer la perte de son chien (p. 65), Meursault pense à sa mère, mais n'a pas le temps d'approfondir son rapprochement, d'abord parce qu'il doit se lever tôt le lendemain (c'est la raison explicitement invoquée), ensuite parce qu'il serait conduit à un examen de conscience (il est coupable envers sa mère comme Salamano l'est envers son chien). Le lecteur, lui, a compris les résonances qu'évoquait sourdement chez Meursault l'idée que quelqu'un avait perdu un être cher. Aussi le vieux Salamano, simple voisin de palier de Meursault, acquiert-il un sens plus nécessaire dans un univers où entrent en jeu la pitié et le sentiment de culpabilité.

Les significations auxquelles il n'avait pas été sensible pendant sa vie d'homme libre, Meursault va les percevoir à partir de son procès. Il aura, pour la première fois de sa vie, « envie d'embrasser un homme » (p. 143) quand Céleste viendra offrir toute sa bonne volonté à la barre des témoins. De même découvrira-t-il le prix de son amour pour Marie (p. 180) et comprendra-t-il que les certitudes de l'aumônier ne valent pas un cheveu de femme (p. 182), ou verra-t-il comme un exemple à suivre, devant un crépuscule chargé d'espoir, la tendre affection de sa mère et du vieux Pérez (p. 185). On se rappelle sa réflexion du début, lors de la veillée du corps de sa mère, en présence des vieillards de l'asile : « J'avais même l'impression que cette morte, couchée au milieu d'eux, ne signifiait rien à leurs yeux. Mais je crois maintenant que c'était une impression fausse » (p. 21). Entre cet événement, qui se situe aux origines du drame, et le « maintenant », qu'on peut interpréter comme le présent du narrateur désormais en prison, se mesure l'évolution du caractère de Meursault.

▬▬▬ LES ARABES

Les Arabes ne se détachent pas non plus du monde informe dans lequel vit Meursault ; ils font partie du décor, et la victime n'est rien de plus, aux yeux de son meurtrier, qu'un obstacle sur la route qui le mène à la source.

L'appellation même d'« Arabes » pouvait, dès l'époque où se situe l'action (un peu avant la guerre de 1939), être ressentie comme injurieuse par les populations indigènes d'Algérie. Après 1945, les « Arabes » essaieront d'obtenir qu'on les qualifie plutôt de « musulmans » ou de « Français musulmans » ; mais cette appellation, devenue officielle, n'aura guère de succès auprès des Français d'origine. Ceux-ci continueront à appeler indistinctement « Arabes » tous les indigènes (y compris les Berbères). L'appellation d'« Algériens » n'était alors guère usitée ; elle désignait aussi bien les musulmans que les populations d'origine européenne. C'est seulement à partir de l'indépendance de l'Algérie (juillet 1962), qu'« Algériens » désignera la *nationalité* des habitants. En disant « les Arabes », Meursault participe, sans agressivité, du racisme ordinaire de ceux qu'on baptisera plus tard les « pieds-noirs » ; de même lorsqu'il qualifie de « Mauresque » (p. 54) la maîtresse de Raymond. On pourrait l'accuser, comme l'immense majorité des Français d'Algérie, d'une indifférence coupable aux réalités coloniales du pays où il vit, non d'une hostilité particulière à l'égard de la population indigène.

Meursault considère les Arabes de la même manière que les autres êtres qu'il côtoie. On jugera même le regard uniforme qu'il porte sur le monde comme le contraire exact du racisme. A deux reprises, pourtant, le comportement des Arabes diffère de celui des Européens. D'abord, quand Meursault prend l'autobus avec Raymond et Marie, les Arabes les regardent « en silence, mais à leur manière, ni plus ni moins que si nous étions des pierres ou des arbres morts » (p. 79). L'expression « à leur manière » indique une attitude distante et sans doute méfiante vis-à-vis des Européens. Ensuite, au parloir de la prison (p. 116), on voit en raccourci une communauté contrainte aux chuchotements, mais qui échange d'imperceptibles messages. Ces attitudes, Meursault les remarque mais il ne les interprète pas. Nous verrons en quoi elles peuvent contribuer à une lecture « politique » de *L'Étranger* (voir p. 66).

LES REPRÉSENTANTS DE LA SOCIÉTÉ

Au même titre que ses amis ou ses relations de rencontre, les personnages qui jouent un rôle dans l'institution sociale ne nous sont connus que par le regard que Meursault porte sur eux. Ce sont, dans la première partie du roman : le directeur de l'asile, le patron de Meursault ; dans la deuxième partie : le juge, l'avocat, l'aumônier.

Le sentiment d'enfant coupable qui anime Meursault dès le début du récit fait que le directeur de l'asile lui apparaît déjà comme une sorte de juge (« J'ai cru qu'il me reprochait quelque chose et j'ai commencé à lui expliquer », p. 11). Sa « Légion d'honneur » (p. 11), met d'emblée l'accent sur sa dignité sociale. Meursault étant à ce moment encore « innocent », le directeur lui serre la main (p. 11), marque évidente de reconnaissance sociale. En revanche, les activités professionnelles de Meursault étant pratiquement passées sous silence, son patron est à peine évoqué ; le récit ne comporte aucune phrase directement prononcée par lui, c'est-à-dire placée entre guillemets. Cet effacement est poussé à un tel point qu'il ne figurera pas parmi les témoins du procès, ce qui paraît peu vraisemblable.

Tandis qu'au début de la première partie, le directeur de l'asile a longuement serré la main de Meursault, au début de la deuxième, celui-ci se retient de tendre la sienne au juge (p. 100). Ce symbole indique que d'une partie à l'autre du roman s'est accompli l'irréparable, qui place Meursault en marge de la société. Parce qu'il ne comprend pas bien le mécanisme du jeu social, mais accepte dans un premier temps d'y collaborer avec loyauté, il va sentir s'éveiller en lui des sentiments de sympathie qu'il éprouvait moins consciemment auparavant. Le juge lui apparaît « très raisonnable, et, somme toute, sympathique » (p. 100) ; le mécontentement de son avocat le désole (p. 103) ; et il voudrait aussi « expliquer cordialement, presque avec affection » (p. 154-155) à l'avocat général qui l'accable pourquoi il ne peut regretter son crime. Semblable, du moment où il a été « pris », à un enfant qui craint d'être battu, il s'étonne qu'on ne songe nullement à le battre et ne pense qu'à « faire plaisir » à ceux qui lui témoignent tant de compréhension. Curieusement, ce sont ceux qui lui veulent du bien qui parviennent le moins à le toucher, du moment où ils risquent d'entamer sa personnalité dans le même temps qu'ils la lui révèlent. Le juge l'ennuie (p. 109) lorsqu'il entreprend de le convertir ; la tentative de l'aumônier l'indispose, puis le fait exploser (p. 182).

Conformément à sa nature, Meursault est d'abord sensible aux détails qui frappent son regard : le visage du juge (p. 100), la « cravate bizarre à grosses raies noires et blanches » de son avocat (p. 101), la robe rouge du président (p. 132). A mesure que le procès avance, pourtant, ses acteurs cesseront d'appartenir à un spectacle ; du moins Meursault s'y sentira-t-il davantage concerné. Il remarque le « regard triomphant » de l'avocat général (p. 138), puis la « lueur ironique » qui brille dans ses yeux (p. 139) ; il trouve son avocat « ridicule » (p. 159). Dans la description de l'aumônier, enfin, on ne voit plus trace de l'impartialité naïve qui caractérisait naguère les observations de Meursault : la douceur, la tristesse, l'agacement du personnage, son habileté aussi (l'aumônier use d'une tactique d'intimidation en regardant son interlocuteur droit dans les yeux), rien n'échappe à Meursault. S'agissant des autres personnages, nous ne disposions que d'un point de départ, souvent insignifiant, à partir duquel notre imagination ou notre esprit critique se donnait libre cours. A l'inverse, l'idée que nous nous faisons de l'aumônier n'est pas due à des déductions : elle est tout entière tributaire de l'observation de Meursault, tant il est désormais plus sensible au rapport qu'il entretient avec les gens qu'à leur apparence brute.

Parmi les personnages qui représentent la société, un au moins n'incarne pas l'ordre puisqu'il est journaliste (p. 132). Camus lui-même était journaliste et dans certains cas chroniqueur judiciaire, à *Alger républicain*, à l'époque où il travaillait à *L'Étranger*[1]. Comment ne pas reconnaître l'auteur du livre dans ce « visage un peu asymétrique » et ces yeux « très clairs[2] » ? Si Meursault a le sentiment d'être regardé par lui-même, c'est parce qu'il ne s'agit pas seulement d'un jeu : ce regard est, dans une assemblée hostile, celui d'une fraternité ; il suggère que Camus a fait de Meursault son double, et qu'il le dévisage avec sympathie.

---

1. Voir la lettre à Jean Grenier citée plus haut (p. 19).
2. « Yeux : gris vert », lit-on sur la carte d'identité de Camus.

8 Les principaux thèmes

Nous entendons par « thème » une réalité concrète ou une idée qui revêt dans l'œuvre une importance significative et que l'auteur reprend ou module sous des formes diverses.

Si l'on veut recenser les principaux thèmes de l'œuvre de Camus en général, on sera aidé par la réponse qu'il fournissait à ceux qui lui demandaient quels étaient ses dix mots préférés : « Le monde, la douleur, la terre, la mère, les hommes, le désert, l'honneur, la misère, l'été, la mer[1]. » Le « monde » ou les « hommes » sont des concepts trop généraux pour qu'on les considère à proprement parler comme des « thèmes », encore que Meursault soit étranger aux *hommes* et solidaires avec le *monde* (si l'on entend par ce mot l'ensemble des éléments naturels). La « terre » ou la « misère » inspireront d'autres œuvres, *L'Exil et le royaume* en particulier. La « misère » était au cœur de son premier recueil, *L'Envers et l'endroit* ; si l'on donne au terme son sens strictement matériel, il n'est pas illustré par *L'Étranger* : Meursault et son entourage sont des gens de condition modeste, en aucun cas des pauvres. L' « honneur » fournit un thème secondaire au roman : nous avons vu que c'était en son nom que Meursault ne s'était pas, dans un premier temps, mêlé au combat sur la plage ; Raymond lui-même, comme beaucoup de gens du « milieu », obéit à un certain code de l'honneur (fidélité en amitié, respect de la foi jurée, interdiction de se battre en surnombre). Mais surtout, parmi les dix mots énumérés par Camus, sont représentés dans *L'Étranger* « la douleur » et « la mère » (étroitement liés l'un à l'autre), et plus encore « l'été » et « la mer », auxquels nous ajouterons le soleil dont le rôle dans le récit est à la fois capital et ambigu.

---

1. Voir Morvan Lebesque, *Camus par lui-même*, « Écrivains de toujours » (Éd. Le Seuil, p. 165).

■■■ DOULEUR-MÈRE

Les deux mots sont associés dès le début du récit. Ou plutôt : ils devraient l'être si Meursault réagissait comme un être ordinaire à l'envoi du télégramme. En réalité, « douleur » et « mère » ont une grande importance dans *L'Étranger*, mais par défaut.

Tout le monde connaît l'amour de Camus pour sa mère, cette femme modeste qu'il invoquera jusque dans son discours prononcé à Stockholm après la remise du prix Nobel : « Je crois à la justice, mais je défendrai ma mère avant la justice[1]. » Prononcée en réponse à ceux qui le pressaient de préciser son opinion sur la guerre d'Algérie, à une époque où la répression du terrorisme posait des problèmes de conscience aux partisans d'une solution libérale, cette phrase fut parfois interprétée comme un ralliement aux thèses de l'Algérie française. L'attitude de Meursault envers sa mère se présente comme l'envers exact de cet amour conditionnel. S'il est vrai qu'il dit toujours, d'une manière touchante, « maman » et jamais « ma mère », son attitude à l'enterrement peut être considérée comme le principal indice de son insensibilité. Sur la vie commune qu'ils ont menée avant sa mort, nous n'aurons guère d'autre renseignement que la confidence faite à Salamano : « Il y avait longtemps qu'elle n'avait rien à me dire » (p. 75). Pour finir, la révolte de Meursault prendra la forme d'un sacrilège : « Que m'importaient la mort des autres, l'amour d'une mère... » (p. 183).

Or, l'abandon d'une vieille femme par ses enfants inspire la toute première œuvre de Camus : « On s'approchait de la vieille femme pour l'embrasser et lui souhaiter un bon soir. Elle avait déjà compris et serrait avec force son chapelet. Mais il paraissait bien que ce geste pouvait être autant de désespoir que de ferveur[2]. » On peut interpréter l'attitude de Meursault comme l'expression grossie — donc inadmissible aux yeux de la société — d'un abandon dont chacun de nous se sent à différents degrés coupable. Que celui qui n'a jamais

---

1. Stockholm, 12 décembre 1957. Cité notamment par Herbert L. Lottman, *Albert Camus* (Éd. Le Seuil, 1978, p. 615).
2. « L'ironie », dans *L'Envers et l'endroit* : A. Camus, *Essais* (Éd. Gallimard, Bibliothèque de la Pléiade, p. 16).

péché par indifférence envers ses parents jette à Meursault la première pierre : telle pourrait être une des leçons morales de *L'Étranger*.

Mais le caractère énigmatique de Meursault autorise une autre hypothèse. Son insensibilité ne serait alors qu'apparente ; sa pudeur foncière lui interdirait de formuler, y compris pour lui-même, l'étendue de son deuil. Les grandes douleurs, on le sait, sont muettes. Ainsi s'expliquerait l'enchaînement des faits, en apparence hasardeux, au lendemain de l'enterrement : une liaison sentimentale sans avenir, une liaison amicale avec une crapule, un geste meurtrier irréfléchi... D'une part, la mort de la mère supprime tous les interdits moraux ; d'autre part, un désespoir profond et inconscient conduit Meursault à une forme de suicide. Cette lecture de *L'Étranger*, que nous ne proposons qu'à titre d'hypothèse, aurait le mérite de donner sa pleine signification à la mort de la mère comme événement initial du roman.

Évoqué par l'absence, dans le cas de Meursault, le thème de la mère est fugitivement présent dans deux passages de *L'Étranger* : le jeune prisonnier et sa mère qui se regardent, au parloir (p. 117), le « Au revoir, maman » perçu par Meursault pouvant sonner comme un écho au deuil qu'il a lui-même si bizarrement vécu ; et aussi dans l'article de journal lu et relu par Meursault dans sa cellule (p. 124-125), où le récit du meurtre d'un fils par sa mère illustre, de façon mélodramatique et concrète, l'envers du crime dont on accusera principalement Meursault lors de son procès. Ces manières détournées d'évoquer le lien mère-fils suggèrent que le silence qui entoure le sentiment éprouvé par Meursault pour sa propre mère relève de la pudeur ou de l'inexprimable.

▬▬▬ ÉTÉ-MER

Nous avons vu que l'action de *L'Étranger* occupait principalement deux étés, ou plus exactement deux mois de juin successifs. On pourrait presque donner pour sous-titre au roman le sous-titre d'une des parties de *Noces* : « L'été à Alger ». Camus montre dans ces pages comment le climat algérois, offrant aux habitants un « excès de biens naturels », fait que « ce pays est sans leçons. Il ne promet ni ne fait entrevoir[1] » ; morale de l'instant qu'illustre Meursault. Ces richesses, qui sont celles du corps plutôt que de l'esprit, sont liées à la jeunesse. « Après, c'est la descente et l'oubli[2]. » La jeunesse de Meursault, plusieurs fois soulignée par Camus, le met en harmonie avec son pays. La privation de la liberté n'en est que plus durement ressentie : d'un été à l'autre, Meursault peut mesurer tout ce qu'il a perdu. Non seulement l'été est une saison fugace (dans la première comme dans la deuxième partie, il semble ne pas excéder le mois de juin), mais il arrive qu'on puisse être privé du suivant. Le bonheur, à son image, est précaire. Sourdement ébranlé par la mort de la mère dès le début, ce bonheur est définitivement anéanti par le meurtre de l'Arabe au milieu du roman. Si les civilisations méditerranéennes ont le sens du tragique, c'est peut-être parce que le bonheur, lié à l'équilibre du monde, y paraît d'autant plus fragile qu'il y est intense.

La mer est liée à l'été. C'est d'elle qu'il est surtout question dès la deuxième page de « L'été à Alger ». C'est vers elle que se dirige Meursault dès son retour de l'enterrement. Celui-ci s'est déroulé dans un paysage aride, à l'intérieur des terres : la mer apporte à Meursault délassement et fraîcheur. On verrait, sans pousser bien loin l'interprétation psychanalytique, comment il y cherche aussi l'innocence et l'oubli. L'innocence se traduit d'abord par l'acceptation de la nudité : « Depuis vingt siècles, les hommes se sont attachés à rendre décentes l'insolence et la naïveté grecques, à diminuer la chair et à compliquer l'habit. Aujourd'hui et par-dessus cette histoire, la course des jeunes gens sur les plages de la Méditerranée rejoint les gestes magnifiques des athlètes de Délos[3]. » C'est aussi une recherche de l'oubli parce qu'aussitôt après avoir perdu sa mère, Meursault retourne à son élément naturel. Sur la bouée, le premier contact avec Marie au prénom peut-être prédestiné, est celui de son ventre (« J'ai laissé aller ma tête en arrière et je l'ai posée sur son ventre. [...] Sous ma nuque, je sentais le ventre de Marie battre doucement », p. 34). Durant leur brève aventure, Marie sera étroitement liée à la mer ; tous deux y retournent aussitôt, les deux fois où ils se

---

1. A. Camus, *Essais* (Éd. Gallimard, Bibliothèque de la Pléiade, p. 67).
2. *Ibid.* (p. 68).
3. *Ibid.* (p. 69).

retrouvent (p. 57 et 77). Sur la plage s'achèvera leur union. Les psychanalystes ont souvent joué sur l'équivalence mer/mère. Risquons donc ce parallèle : commencée comme un adieu à la mère, la première partie de *L'Étranger* s'achève comme un adieu à la mer aussi bien qu'à Marie. Le « malheur » (dernier mot de cette première partie) peut définitivement s'installer.

■ SOLEIL

Mer et soleil sont, dans la perspective de l'été, naturellement indissociables. Quand Camus évoque des jeunes gens qui prennent des bains, il dit (les deux expressions sont quasiment synonymes) qu'ils « se mettent nus au soleil[1] ». Dans *L'Étranger*, le soleil n'est pourtant pas un dieu bénéfique. C'est le même soleil qui inonde la nature aride de Marengo et les eaux bienfaisantes du port d'Alger. Mais, dans le premier cas, il rend le paysage « inhumain et déprimant » (p. 27). « Ça tape », souligne l'employé des pompes funèbres (p. 28). Pour le vieux Pérez, soucieux de suivre au péril de sa vie madame Meursault jusqu'au tombeau, le soleil est un ennemi. L'expression de l'employé, banale, est à prendre au pied de la lettre ; tout au long du récit, en effet, le soleil se manifestera par sa violence : il « fait éclater le goudron » (p. 29) ; il frappe Meursault « comme une gifle » (p. 77) ; son éclat se révèle « insoutenable » (p. 85) ou « écrasant » (p. 89). Aussi, le soir apparaît-il comme une « trêve », même si celle-ci est un peu « mélancolique » (p. 27), et la « nuit d'été » (p. 58) devient une complice attendue des jeux amoureux de Meursault et de Marie.

Le soleil est surtout directement responsable du meurtre de l'Arabe. « Quand Raymond m'a donné son revolver, le soleil a glissé dessus » (p. 90). Cette harmonie entre l'arme et l'astre contient en germe le moment fatal. On pourrait dire que lorsque Meursault fait feu, il ne sait plus exactement de quel feu il s'agit. L'harmonie du héros avec le monde bascule. Un peu à la manière d'Icare, qui dans la mythologie grecque se brûle les ailes et meurt pour avoir voulu approcher de trop près le soleil, Meursault a joué avec le feu. Se retrouvant à l'ombre, il va curieusement y trouver l'apaisement.

---

1. A. Camus, *Essais* (Éd. Gallimard, Bibliothèque de la Pléiade, p. 68).

La privation de la lumière d'été, de la mer, des plaisirs sensuels offerts par Marie, constituait la punition que la société jugeait méritée par son crime (voir p. 121). L'ombre en elle-même le soulage plutôt. Tandis que sa cellule est « calme » et « sombre », la « lumière crue » qui coule du ciel sur les murs du parloir l'indispose (p. 115). Sortant de l'audience du procès et humant un bref instant, avant de regagner sa cellule, l'air de la ville dont on l'a privé, c'est de « la couleur du soir d'été » (p. 148) qu'il éprouve la nostalgie. Enfin, tandis que la première partie du roman s'est achevée sur un malheur déclenché par le soleil dont Meursault s'était trop approché, la deuxième partie se clôt sur une « nuit chargée de signes et d'étoiles » (pp. 185-186) ; à la brutalité du soleil s'oppose la « tendre indifférence » (p. 186) de la nuit. Commencé à deux heures de l'après-midi par une chaleur accablante, le roman s'achève dans une bienfaisante fraîcheur. Au plus fort de son intensité, le soleil, parce qu'il est insoutenable, est porteur de tragédie et de mort.

9 Le sens de L'Étranger

■ L'ILLUSTRATION D'UNE PHILOSOPHIE ?

Philosophe de formation, Camus fait paraître un traité de philosophie, *Le Mythe de Sisyphe*, en octobre 1942, soit quatre mois à peine après *L'Étranger*. Il est vrai que dès les premières pages du traité, il prétend parler d'une « sensibilité absurde » et non d'une « philosophie absurde », pour la simple raison que notre époque ne connaît pas de philosophie de ce genre. La « sensibilité absurde » est, à ses yeux, un « mal de l'esprit », qui naît « de la confrontation de l'appel humain avec le silence déraisonnable du monde ». Pour échapper à cette angoisse, née de l'écart entre notre besoin d'absolu et le vide que nous propose l'univers, on peut, comme Pascal dans ses *Pensées*, « parier » pour l'existence de Dieu. Mais Camus refuse ce pari. Dans ce refus même, réside pour lui la grandeur de l'homme qui assume ainsi l'absurdité du monde. Cette absence de réponse à son interrogation fondamentale réduit-elle l'homme au désespoir ? Nullement. L'homme ressemble à Sisyphe, héros mythologique à qui Zeus imposa comme châtiment de rouler éternellement un énorme rocher en remontant une pente ; dès que le rocher était parvenu au sommet, il retombait, et le travail était à recommencer. Mais, aux yeux de Camus, la lutte de Sisyphe vers les sommets « suffit à remplir un cœur d'homme ». « Il faut imaginer Sisyphe heureux », conclut Camus, parce que, ainsi qu'il l'écrivait déjà dans *Noces*, « il n'y a pas d'amour de vivre sans désespoir de vivre ». On pourrait objecter que ce pari sur le bonheur manque d'arguments. Mais il est, comme le pari de Pascal, inspiré par une foi intime et personnelle. Tout en étant profondément imprégné par le sentiment que la condition humaine est tragique, Camus n'a jamais pu renoncer à la conviction qu'il appartient à la destinée de l'homme d'être heureux. Ainsi trouve-t-il, au cœur même du tragique et de la conscience que nous en avons, la source de ce bonheur.

Puisqu'il avait travaillé en même temps au *Mythe de Sisyphe* et à *L'Étranger*, il était inévitable que la critique rapproche les deux œuvres. Camus lui avait donné des arguments en déclarant à propos de *La Nausée*, de Sartre, qu'un roman n'était jamais qu' « une philosophie mise en images ». La philosophie de Camus ne s'est jamais présentée comme un système. Ses essais (*Le Mythe de Sisyphe*, plus tard *L'Homme révolté*) ressemblent plutôt à des étapes sur la voie d'un perpétuel tâtonnement, ou, si l'on veut, aux fragments du « roman » d'une pensée qui se cherche. On ne nuit donc pas à l'œuvre de Camus romancier en la mettant en parallèle avec son œuvre philosophique, puisque celle-ci n'est jamais figée. Il a simplement, dans sa perpétuelle interrogation sur la condition humaine, usé de toutes les formes littéraires possibles (essais, romans, nouvelles, théâtre...). Si *L'Étranger* était la simple illustration d'une philosophie donnée, on le qualifierait de « roman à thèse » : « Le roman à thèse, l'œuvre qui prouve, la plus haïssable de toutes, est celle qui le plus souvent s'inspire d'une pensée satisfaite. La vérité qu'on croit détenir, on la démontre », écrit Camus dans *Le Mythe de Sisyphe*. Nous avons vu que c'était précisément le reproche qu'il adressait à *La Nausée*, de Sartre. *L'Étranger*, à l'inverse, est une œuvre ambiguë. Suggérant une conclusion possible à son roman, Camus a un jour proposé celle-ci : « La société a besoin de gens qui pleurent à l'enterrement de leur mère », mais pour admettre aussitôt qu'il voyait « encore dix autres conclusions possibles[1] ».

■■■■■ UN MONDE ABSURDE ?

Peut-on trouver dans *L'Étranger* une tentative de démonstration que le monde est absurde ? Dans son « Explication de *L'Étranger* », Sartre considère que *Le Mythe de Sisyphe* vise à nous donner la « notion » de l'absurde et *L'Étranger* le « sentiment de l'absurde[2] ». Pour Camus, on ne peut pas dire que l'homme ou le monde soient absurdes en eux-mêmes : « Ce monde en lui-même n'est pas raisonnable, c'est tout ce qu'on en peut dire. Mais ce qui est absurde, c'est la confrontation

---

1. *Carnets*, 1942, cité dans A. Camus, *Théâtre, Récits, Nouvelles* (Éd. Gallimard, Bibliothèque de la Pléiade, p. 1932).
2. Jean-Paul Sartre, *Situations I* (Éd. Gallimard, 1947, p. 102).

de cet irrationnel et de ce désir éperdu de clarté dont l'appel résonne au plus profond de l'homme. L'absurde dépend autant de l'homme que du monde. Il est pour le moment leur seul lien[1]. » On est néanmoins amené à se demander si *L'Étranger* illustre ce « sentiment de l'absurde », Meursault en étant bien entendu le révélateur.

Si telle avait été l'intention de Camus, il semble qu'il aurait pu choisir de meilleurs moyens, par exemple ceux que Jean-Paul Sartre utilise dans *La Nausée*[2], précisément. Pour Roquentin, le héros du roman de Sartre, le monde qui répondait jusque-là aux exigences de sa raison et de sa sensibilité perd soudain toute consistance : les mots se détachent de leur sens et prennent un aspect étrange ; les êtres et les choses cessent de s'intégrer à une vision cohérente pour surgir dans une complète gratuité. On peut dire alors de Roquentin qu'il se sent, comme Meursault, « étranger » au monde, et c'est ce sentiment qu'il appelle la « nausée ». Ainsi, quand Meursault veille le corps de sa mère, son regard s'attarde sur les vis brillantes qui se détachent des planches du cercueil (p. 13) aussi bien que sur les visages des amis de sa mère : les uns et les autres sont également dénués de signification à ses yeux. De même, le regard de Roquentin s'attardait-il sans raison sur les bretelles violettes du barman ou sur une racine de marronnier. Mais alors que ces objets prenaient une présence obsédante aux yeux de Roquentin et le rendaient à proprement parler malade, les vis ne donnent à Meursault aucune « nausée », car il a toujours vu le monde naturellement de cette façon. Le lecteur des premières pages de *L'Étranger* n'a donc un sentiment de l'absurde que si, à la différence de Meursault, il attend que lui soit offert un monde chargé de sens.

Mieux : alors que Meursault se trouvait par nature dans un état qui aurait donné la nausée à Roquentin, il va, suivant en cela une évolution inverse de celle du héros de Sartre, découvrir progressivement au monde une signification que celui-ci perd progressivement pour Roquentin. Le héros de Sartre sombre dans la nausée ; celui de Camus va accéder à la révolte. Nous avons noté que le monde était apparu « informe »

---

1. *Le Mythe de Sisyphe*, dans A. Camus, *Essais* (Éd. Gallimard, Bibliothèque de la Pléiade, p. 113).
2. Voir *supra*, le résumé de *La Nausée* (p. 20).

aux yeux de Meursault (p. 133), mais on ne trouve informe que ce à quoi on souhaite donner une forme. De même, à partir du procès, s'organisera son univers sentimental : ainsi sa mère, à qui il ne pensait que par association d'idées avec le chien de Salamano, va-t-elle lui fournir, à l'extrême fin du roman, un moyen d'accéder à la tendresse et à l'espoir. Tandis que l'univers se « chosifiait » dans *La Nausée*, il se colore d'humanité à mesure qu'on avance dans *L'Étranger*. Bref, l'absurde est pour Sartre une conquête, fût-elle pénible et négative, sur un monde où nous sommes trompés par des illusions humanistes ; chez Camus, il est un point de départ, à la suite duquel vont s'inscrire des marques de foi en l'homme.

■■■■ L'AMBIGUÏTÉ DU MESSAGE

Ainsi Meursault incarne-t-il ce « sentiment de l'absurde » que tout homme ressent plus ou moins devant le monde, mais il semble que ce soit pour le dépasser. Présentant au début du *Mythe de Sisyphe* des exemples d' « hommes absurdes » (c'est-à-dire d'hommes dont la pensée ou le comportement éclairent au mieux l'absurdité de la condition humaine), Camus précisait : « Ai-je besoin de développer l'idée qu'un exemple n'est pas forcément un exemple à suivre [moins encore s'il se peut dans le monde absurde], et que ces illustrations ne sont pas pour autant des modèles[1] ? » Meursault n'est pas davantage un « exemple à suivre », mais un type de comportement possible devant le silence du monde. Peut-être, si l'on veut à tout prix le rattacher à la pensée philosophique de Camus, trouvera-t-on qu'il illustre, mieux que la pensée du *Mythe de Sisyphe*, celle de *L'Homme révolté*, autre essai que Camus ne publiera qu'en 1951, mais auquel il a sans doute songé dès les dernières années de la guerre. Nous avons vu en quoi Meursault était un révolté. Or, la révolte est présentée au début du second essai comme le premier réflexe devant l'absurdité du monde : « Je me révolte, donc nous sommes[2] », écrit Camus. On jugerait alors que Meursault anticipe sur la réflexion de Camus et lui donne d'avance forme,

---

1. A. Camus, *Essais* (Éd. Gallimard, Bibliothèque de la Pléiade, p. 150).
2. *Ibid.* (p. 432). Parodie du « Je pense, donc je suis » de Descartes.

plutôt qu'elle n'illustre sa philosophie antérieure, telle qu'elle s'exprime dans *Le Mythe de Sisyphe*. Mais pas plus que le sentiment de l'absurde, l'instinct de révolte ne saurait fournir des « exemples à suivre ».

La variété des interprétations possibles du personnage de Meursault, Camus en a donné une idée : « Il m'est arrivé de dire aussi, et toujours paradoxalement, que j'avais essayé de figurer dans mon personnage le seul Christ que nous méritions[1]. » C'est bien un paradoxe, en effet. Et comme tous les paradoxes, il prend le contre-pied de l'opinion admise pour obliger à mieux réfléchir, mais ne doit pas être accepté à la lettre. Tout au plus, peut-on considérer que Meursault, comme le Christ, est exécuté pour avoir refusé de dire autre chose que ce qu'il a toujours dit ; cette fidélité à sa parole n'est pas une vertu très exaltante ; mais notre époque, qui a perdu la foi, ne saurait prétendre à mieux qu'à un « martyr de la vérité ». Ces approches opposées du personnage nous persuadent d'au moins une chose : comme les héros du *Mythe de Sisyphe*, Meursault laisse au lecteur une large liberté d'appréciation morale. On ne verra en lui ni un « exemple à suivre », ni un symbole purement négatif de la nature humaine.

Nous avons souligné combien le seul fait que les événements fussent relatés par la voix de Meursault orientait notre jugement à son égard. Même quand un discours ne se présente pas comme un plaidoyer, prêter l'oreille à quelqu'un, c'est se mettre en position de le comprendre (ce que traduit le double sens du verbe « entendre » : « Vous ne voulez pas m'entendre »). Que Meursault ne cherche pas ouvertement à se disculper ne limite pas notre méfiance : un ton détaché peut être un signe de rouerie. Surtout, comment savoir si Meursault se remémore les événements en toute bonne foi, s'il ne cache pas, fût-ce à lui-même et parce qu'il a peur de la vérité, certaines intentions ou certaines lâchetés ? En n'intervenant pas en tant que romancier, Camus nous livre le récit de son personnage comme un document brut, sujet à toutes les interprétations.

Au-delà de l'équivoque entretenue par la forme même de l'œuvre, comment interpréter le comportement social « bizarre » de Meursault ? Pour ne pas s'ennuyer en prison,

---

1. *Théâtre, Récits, Nouvelles* (Éd. Gallimard, Bibliothèque de la Pléiade, p. 1928-1929).

ou même passer tout un après-midi à ne rien faire, il faut, ou avoir conquis une sagesse hors du commun, ou être victime d'un certain abêtissement. Comment trancher dans l'un ou l'autre sens ? Au procès, de même, on ne saura pas si le détachement de Meursault ressemble à celui de Socrate devant les juges qui le condamneront à boire la ciguë, ou s'il résulte de l'état de torpeur dans lequel il se trouve, de son propre aveu, si souvent plongé.

Si nous voulions résoudre à tout prix ces ambiguïtés, nous jouerions à notre tour le rôle du procureur ou de l'aumônier. Tout ce que nous pouvons faire, c'est reconnaître l'existence d'une prise de conscience chez Meursault, découvrir en même temps que lui son attachement aux êtres et aux choses. Nous pouvons seulement dire : « Il est ainsi. » Quant à apprécier son niveau d'intelligence et de culpabilité, c'est l'affaire de la société. Le procureur dit de lui : « Il est intelligent » (p. 154) de façon aussi catégorique que : « Il est coupable. » Le lecteur, lui, se contentera de constater que, quel que soit son degré d'intelligence ou de culpabilité, il est victime d'une société qui préfère à l'homme réel, donc mystérieux, l'idée qu'elle s'en fait. Pour avoir été lui-même, simplement, et avoir refusé d'aider les autres à résoudre ses propres contradictions, Meursault ne peut attendre aucune indulgence. Si nous allions plus loin dans la condamnation ou l'absolution, nous ressemblerions à ces « moralistes professionnels » que Camus dénoncera vigoureusement dans *L'Homme révolté* et dans *La Chute*[1], deux œuvres également ambiguës, qui refusent des types de comportement mais ne donnent pas plus que *Le Mythe de Sisyphe* ou *L'Étranger* d' « exemples à suivre ».

▆▆▆▆ LA JUSTICE EN QUESTION

Camus écrivait en août 1937 : « Chaque fois que j'entends un discours politique ou que je lis ceux qui nous dirigent, je suis effrayé depuis des années de n'entendre rien qui rende un son humain. Ce sont toujours les mêmes mots qui disent les mêmes mensonges. Et que les hommes s'en accommodent, que la colère du peuple n'ait pas brisé les fantoches,

---

1. L'expression « moralistes professionnels » désignera sans doute alors les existentialistes, auxquels Camus a été trop vite assimilé.

j'y vois la preuve que les hommes n'accordent aucune importance à leur gouvernement et qu'ils jouent avec toute une partie de leur vie et de leurs intérêts soi-disant vitaux[1]. » Ce que Camus reproche aux hommes politiques de l'avant-guerre, c'est l'usage de la « langue de bois », c'est-à-dire un discours dépourvu de tout lien avec les préoccupations des citoyens. Il n'est pas sûr que les choses aient changé... *L'Étranger* nous incite à penser que le monde de la justice ne vaut pas mieux que le monde politique. On pourrait lire le roman comme une satire de nos institutions juridiques : ce serait limiter son ampleur, non le défigurer.

Les représentants de la société au tribunal se préoccupent aussi peu de ceux dont ils ont la charge que les représentants du peuple de ceux qui les ont élus. On pourrait demander à Meursault qui il est : on préfère le lui apprendre, et son avocat lui recommande même de se taire (p. 151) ; on écoute à peine Masson et Salamano parce que ce qu'ils ont à dire ne va pas dans le sens de l'idée que le tribunal a conçue de l'affaire (p. 145) ; le tout est enfin résumé de manière péremptoire par le procureur : « Le même homme qui au lendemain de la mort de sa mère se livrait à la débauche la plus honteuse a tué pour des raisons futiles et pour liquider une affaire de mœurs inqualifiable » (p. 147). Meursault n'a plus qu'à confirmer, par ses paroles et son attitude, l'idée toute faite qu'on a d'un accusé. En ne jouant pas le rôle qui lui a été assigné dans ce cérémonial réglé d'avance, il pose à ses juges une énigme insupportable, qui fausse le jeu social.

Le rôle de la justice est d'ailleurs de découvrir la vérité. On peut juger qu'en niant confusément son « identité » et en refusant que la vérité d'un jour soit celle du lendemain, Meursault passe les bornes de la raison. Mais, même si, conformément aux impératifs de la société, nous croyons à l' « identité[2] » de chaque individu, le constat des juges demeure plus que douteux. Reprenons un exemple cité par Michel Raimond : « Lors du procès, le directeur, raconte Meursault, *''a dit que je n'ai pas voulu voir maman''*. C'est vrai, si l'on se rapporte au

---

1. A. Camus, *Carnets I* (Éd. Gallimard, 1962, p. 67).
2. L'identité (même étymologie que *idem*, le même) est ce au nom de quoi nous répondons de nos délits à la police ou à la justice. Les pièces d'identité, que chaque citoyen est censé détenir, attestent que celui qu'on inculpe est la *même* personne que celui qui a commis ce délit.

chapitre 1 : Meursault a effectivement dit ''non'' à la proposition du directeur qui lui demandait s'il voulait voir sa mère. Mais, à son arrivée à l'asile, le jeune homme avait d'abord dit : *"J'ai voulu voir maman tout de suite"*, et c'est un enchaînement de circonstances (la fatigue, la chaleur, etc.) qui l'a fait renoncer à ce bon mouvement. » Et Michel Raimond conclut : « Les paroles prononcées au procès par les uns et par les autres simplifient les choses à l'excès ; elles suppriment des nuances. Marie s'en aperçoit, elle éclate en sanglots en disant que « ce n'était pas cela », « qu'il y avait autre chose[1] ». Un procès est toujours une reconstitution, avec tous les à-peu-près que suppose ce terme, surtout quand se manifeste un parti pris contre l'accusé. Ce vice, inhérent à toute machine mise en route par la justice humaine, prend une signification particulière à partir du moment où on voit en Meursault un « martyr de la vérité ».

A la question très prosaïque que se pose tout lecteur de *L'Étranger* : « Meursault est-il victime d'une erreur judiciaire ? », nous avons plutôt répondu non (voir plus haut, p. 41). S'il l'était, la mise en question de la justice serait beaucoup moins profonde. Il ne suffit pas, en effet, d'éviter les erreurs de faits pour donner un bien-fondé aux procès des hommes. La question soulevée par le roman est moins : « Meursault est-il coupable ? » que : « Quand on juge quelqu'un, qui juge-t-on ? » Comment répondre, d'un bloc, « oui » ou « non » à la question psychologiquement si confuse de la préméditation ? Quel que soit le prévenu et de quelque nature que soit son crime, la société fait toujours semblant de savoir. En l'occurrence, elle prétend démêler avec une incroyable subtilité des liens de causalité face à un inculpé qui ne s'est jamais interrogé sur le « comment » et le « pourquoi » des choses. Il n'est pas étonnant qu'elle se heurte à sa totale incompréhension, ou qu'elle déclenche sa révolte.

▬▬▬ UNE FABLE POLITIQUE ?

Dans les années 1937 à 1940, au cours desquelles il élabore *L'Étranger*, Camus affirme à plusieurs reprises sa vocation d'écrivain et se soucie de la forme que prendra son œuvre

---

1. Michel Raimond, *Le Roman* (Éd. Armand Colin, 1988, p. 112).

à venir. A partir de 1938 cependant, il collabore à *Alger républicain*, journal nettement orienté à gauche, et s'engage plus franchement dans l'action politique. Avec d'autres intellectuels d'Algérie, il signe un manifeste en faveur du projet Blum-Violette qui, s'il avait été adopté, aurait un peu amélioré la représentation démocratique des indigènes. Dans ses articles, il s'oppose avec vigueur aux menées anti-syndicales du maire d'Alger, personnalité d'extrême-droite. Surtout, il mène une grande enquête en Kabylie, région montagneuse de l'est algérien. « Il n'est pas de spectacle plus désespérant que cette misère au milieu du plus beau pays du monde », écrira-t-il.

Comment imaginer, dans ces conditions, que le roman qu'il écrit à la même période — et qu'il va achever en 1940 — ne porte pas la trace de cet engagement ? Sans doute Camus demeure-t-il dans tous ses textes un Français d'Algérie, lié malgré lui aux auteurs de la colonisation. La beauté des femmes d'Alger, c'est toujours la beauté des Européennes (mais les jeunes filles et les femmes arabes étaient voilées, et on ne les voyait jamais sur les plages, où il se montre justement si sensible à la beauté des corps). Au plan politique, il est révolté par le sort injuste réservé aux indigènes et rêve d'une authentique fraternité entre les deux communautés. Mais jamais il n'imaginera que la France puisse être exclue de cette terre où il était né, et quand la guerre n'offrira d'autre solution, notamment à partir de 1956, que l'hégémonie militaire de la France ou l'indépendance, il se réfugiera dans un silence que lui reprocheront de nombreux intellectuels de gauche et qu'il ne rompra guère jusqu'à sa mort, en janvier 1960.

Peut-on considérer que, dans *L'Étranger*, Camus prend implicitement parti ? Certains ont vu une intention particulière dans le choix d'un Arabe comme victime de Meursault ; Camus aurait, en somme, illustré de manière symbolique le meurtre du colonisé par le colonisateur[1]. On leur rétorquera que la répartition de la population était telle, en Algérie, que Meursault avait neuf chances sur dix de tuer un Arabe plutôt qu'un Européen (disons deux sur trois puisque l'action se situe

---

1. Cette intention est mise en avant dans deux articles, l'un d'Henri Kréa, « Le Malentendu algérien », l'autre de Pierre Nora, « Pour une autre explication de *L'Étranger* », tous deux parus dans *France-Observateur* du 5 janvier 1961, soit un an exactement après la mort de Camus. Nous sommes, à cette date, en pleine guerre d'Algérie, ce qui a pu influencer l'interprétation des deux auteurs.

dans l'agglomération algéroise). Dans ces conditions, c'est plutôt le choix d'un Européen qui eût témoigné d'une intention particulière. Il est vrai que l'entourage de Meursault est exclusivement composé d'Européens, mais on y verra la conséquence d'une certaine ségrégation qui existait dans l'habitat et les activités professionnelles, et qu'on n'a pas de raisons de retrouver au niveau du commerce très spécial de Raymond.

D'autres ont trouvé invraisemblable qu'un Français fût condamné à mort pour le meurtre d'un Arabe. « Selon le témoignage oral d'un ami du romancier, nous savons qu'on lui avait bien signalé cette anomalie avant la publication du manuscrit du roman », écrit Brian T. Fitch[1]. Camus aurait-il donc passé sous silence l'iniquité dont souffraient les indigènes et laissé entendre mensongèrement que pour la justice française, un Arabe valait un Français[2] ? Cette volonté insidieuse serait en contradiction avec tous les efforts qu'il déploie dans le même temps pour dénoncer les injustices de la colonisation. S'il est peu probable, en effet, qu'un Français eût pu être condamné à mort pour le meurtre d'un Arabe, on caricaturerait les réalités de la colonisation en s'imaginant qu'il eût pu le faire impunément. Meursault étant normalement jugé, il est victime d'un engrenage au terme duquel on le condamne pour n'avoir pas pleuré à la mort de sa mère. Rappelons en outre que son procès doit être suivi de celui d'un parricide (p. 127) qui accapare déjà les esprits ; les participants au procès mêlant inconsciemment les deux affaires, l'horreur du crime qui sera jugé ensuite rejaillit d'avance sur celui de Meursault. Contrairement à ce que suggère Conor Cruise O'Brien, il faut donc admettre qu'aux yeux de Camus, lorsqu'un Français est jugé pour le meurtre d'un Arabe, il faut des circonstances aggravantes pour que soit prononcé le châtiment suprême.

En résumé, sans être une fable politique, L'Étranger porte témoignage de réalités de la colonisation auxquelles Camus était plus sensible que la plupart des Français de cette époque, qu'ils fussent d'Algérie ou de métropole. Que Meursault tue un Arabe a pris une valeur symbolique à partir du moment où, en 1954, les deux communautés se sont vraiment affrontées.

1. « L'Étranger » d'Albert Camus (Larousse/Université, 1972, p. 34).
2. Conor Cruise O'Brien, Camus (Éd. Seghers, 1970, p. 18-38).

10 L'art de Camus

■■■■■ LA SIMPLICITÉ DU STYLE

Le style de *L'Étranger* frappe par sa simplicité, par son naturel. Ces qualités ne vont pas sans équivoque : il semble, quand on lit *L'Étranger*, que l'art du roman est à la portée de tous. De même, la peinture abstraite ou une architecture très dépouillée peuvent-elles, mieux que les tableaux léchés ou les immeubles rococo du XIXᵉ siècle, encourager des vocations de peintre ou d'architecte chez un public profane : il faut pourtant comprendre que le refus de l'ornement ne vient pas forcément d'une insuffisance et qu'il n'est pas de chemin plus difficile, en art, que la conquête de la simplicité.

Le naturel, dans *L'Étranger*, vient d'abord de l'usage constant du passé composé (temps ordinaire du récit oral) et de l'absence complète de passés simples (temps du récit littéraire). En somme, Camus écrit comme on parle, ou plutôt comme Meursault parle. « Cette parole transparente, inaugurée par *L'Étranger* de Camus, accomplit un style de l'absence qui est presque une absence idéale de style[1] », écrit Roland Barthes, qui qualifie l'écriture de Camus d' « écriture innocente ». A la lumière des nombreuses corrections apportées par Camus sur son manuscrit, et qui vont souvent dans le sens de la simplicité, nous dirons plutôt que c'est une écriture qui tend vers l'innocence — la plus éloignée, en somme, d'une innocence véritable. Jean-Paul Sartre soulignait déjà, dans son « Explication de *L'Étranger* », cet aspect brut, inerte du style de Camus : « On disait de Renard qu'il finirait par écrire : ''La poule pond.'' M. Camus et beaucoup d'auteurs contemporains écriraient : ''Il y a la poule et elle pond.'' C'est ainsi qu'ils aiment les choses pour elles-mêmes, ils ne veulent pas les diluer dans le flux de la durée[2]. » Ainsi ce style reflète-t-il la

---

1. *Le Degré zéro de l'écriture* (première édition : 1953) (coll. « Points », Éd. Le Seuil, 1972, p. 56).
2. Jean-Paul Sartre, *Situations I* (Éd. Gallimard, 1947, p. 110). « Renard » est Jules Renard, auteur notamment de *Poil de carotte*.

mentalité de Meursault, dont l'esprit est fixé sur le présent immédiat, qui refuse d'anticiper sur un futur même très proche et d'instituer une causalité entre ses actes.

■■■■ UN LANGAGE POPULAIRE

En écrivant ainsi, Camus traduit une façon de parler typique des Français d'Algérie, elle-même héritée du style et du rythme de récit des Arabes : transcription simple des faits appréciés en eux-mêmes, sans qu'il soit besoin de les organiser et surtout de les coordonner dans un discours cohérent, mais qui prennent finalement, par accumulation, une dimension épique. Tel est le récit de Raymond Sintès inspiré à Camus par une scène de bagarre transcrite sur le vif dans ses *Carnets*[1]. Le ton est alors très proche de celui d'épisodes savoureux qui émaillent *Noces* ou *L'Été*.

« L'Algérois use d'un vocabulaire typique et d'une syntaxe spéciale, écrit Camus dans *Noces*. Mais c'est par leur introduction dans la langue française que ces créations trouvent leur saveur[2]. » Cette langue, explique Camus, est celle de Cagayous, sorte de Gavroche algérois immortalisé par les œuvres d'une certain Auguste Robinet.

La « langue de Cagayous » n'est pas toujours immédiatement accessible à un Français de métropole. Quand Raymond dit : « Je vais te mûrir » (p. 49), on comprend à la rigueur qu'il signifie : « Je vais te changer le visage en fruit mûr. » « Tu m'as manqué », adressé par le même Raymond à sa maîtresse (p. 59), ne veut pas dire : « J'ai langui après toi », mais : « Tu as manqué à l'honneur envers moi. » « Donner un taquet » (p. 49) est plus hermétique : cela veut dire « donner un coup »[3].

Ces expressions figurent toutes dans des dialogues au style direct, c'est-à-dire donnés entre guillemets. Meursault, lui,

---

1. Voir plus haut (p. 15).
2. A. Camus, *Essais* (Éd. Gallimard, Bibliothèque de la Pléiade, p. 77).
3. Le mot « taquet », en ce sens, ne figure pas dans les dictionnaires. On en trouve une définition humoristique dans Roland Bacri, *Trésors des racines pataouètes* (Éd. Belin, 1983) : « Étymologie, j'sais pas. En sociologie : un il est en colère ou quoi, il vous tape. Pas à vous abîmer complètement mais quand même ça peut faire mal. Surtout si vous êtes un peu douillet. »
Le langage « pataouète », imité dans sa définition par Roland Bacri, est à peu près synonyme de « langue de Cagayous ».

s'exprime de deux façons différentes. Soit il est le narrateur du récit : sa langue bénéficie des scrupules grammaticaux de l'écrivain. Soit il est traité comme les autres personnages : il s'exprime alors comme Raymond ou Salamano. Par exemple, Meursault-narrateur dit : « J'ai eu envie de lui dire que ce n'était pas ma faute[1] » (p. 35) ; mais Meursault-personnage dit (et la phrase figure alors dans le texte entre guillemets) : « Ce n'est pas *de* ma faute » (p. 9). « C'est *de* ma faute » est considéré comme incorrect par les puristes ; c'est donc cette forme que Camus met directement dans la bouche de Meursault. Il arrive que les tournures grammaticales prêtées par Camus à Meursault-narrateur soient même très recherchées ; ainsi : « On aurait dit d'un jacassement assourdi de perruches » (p. 13. Nous soulignons le d'). On peut constater que les corrections de Camus, si elles visent dans l'ensemble à une plus grande simplicité, tendent aussi à rendre le langage de Meursault-narrateur moins populaire, ou moins spécifiquement algérois. En voici un exemple : pour dire « une crème glacée », les Français de métropole abrègent en : « une glace ». Les Français d'Algérie abrégeaient en : « une crème » ; à la page 160, après avoir écrit « un marchand de crème », Camus a corrigé en « un marchand de glace ». A la page 101, « en bras de chemise » a été remplacé par « en manches de chemise », plus correct[2].

■■■■ LE RYTHME ET LE STYLE DE LA NARRATION

Toute œuvre romanesque repose en partie sur une convention, et nous avons étudié l'ambiguïté sur laquelle reposait le récit de *L'Étranger*. Quand nous parlons de « Meursault-narrateur », nous entrons dans le jeu proposé par la fiction, en sachant bien que c'est Camus qui raconte. Un récit ne reproduisant jamais qu'en partie la réalité, en choisissant une certaine perspective, en obéissant à un certain rythme, c'est l'art de Camus que nous apprécierons dans la façon dont Meursault raconte son histoire.

---

1. L'ancienne édition Folio imprime ici par erreur : « Ce n'était pas de ma faute. »
2. On trouve la liste des corrections apportées au manuscrit dans les notes de l'édition de la Bibliothèque de la Pléiade (*Théâtre, Récits, Nouvelles*).

Son récit ne procède pas à de véritables retours en arrière, mais il adopte une temporalité qui lui donne son ton. Ainsi, comporte-t-il d'assez nombreuses ellipses. Par exemple, Camus écrit à la suite de la première rencontre de Meursault avec Marie : « En sortant, elle est venue chez moi. / Quand je me suis réveillé, Marie était partie » (p. 35-36). Ainsi passe-t-on, suivant une convention conforme à la pudeur de Meursault, mais aussi aux règles du roman traditionnel, sur la nuit d'amour des deux jeunes gens. Au début du chapitre 4 de la première partie, « J'ai bien travaillé toute la semaine » (p. 57) constitue un raccourci qui minimise l'activité professionnelle de Meursault pour mettre l'accent sur les week-ends, conformément aux intérêts premiers du personnage, mais aussi d'un récit où la tragédie est liée à l'oisiveté et au soleil.

Tout roman suppose que le monde est pensé et vu au travers d'une conscience (celle du héros-narrateur dans le cas d'un roman à la première personne). Dans *L'Étranger*, les petites phrases courtes dont se compose le roman, surtout dans la première partie, et que ne relie le plus souvent aucun rapport de cause ou de conséquence, traduisent de la part de Meursault son indifférence au monde, son ignorance d'une logique que lui imposerait la société, son refus de croire à une identité qui coordonnerait nos actes et nos pensées. Il constate ce qu'il fait, sans en chercher la portée, et ce simple enregistrement de ses actes se traduit parfois par une monotone succession de phrases commençant par « Je » : « J'ai pensé alors qu'il fallait dîner. J'avais un peu mal au cou [...] Je suis descendu acheter du pain et des pâtes, j'ai fait ma cuisine et j'ai mangé debout. J'ai voulu fumer » (p. 41) ; etc.

On se tromperait pourtant si l'on considérait Meursault comme un être enfermé dans son « moi ». Son existence est la première donnée de sa conscience. Mais, avec la même hébétude qui lui fait contempler l'enchaînement de ses actions, il sait aussi contempler le monde extérieur, sans chercher forcément à lui donner sens. Ainsi s'expliquent ces descriptions de détails insignifiants : nous avons déjà relevé les « vis brillantes » du cercueil (p. 13) ou le « nez truffé de points noirs » du vieux Pérez (p. 26). On pourrait y ajouter la « feuille de papier quadrillé », l' « enveloppe jaune », le « petit porte-plume de bois rouge » et l' « encrier carré d'encre violette » (p. 54). On a parfois le sentiment que le monde se vide de toute âme humaine pour se réduire à des actes mécaniques ou à de simples objets. On dira qu'il se « chosifie ». C'est justement le reproche qu'on adressera aux œuvres qui illustrent ce qu'on a appelé, dans les années 1950, le « nouveau roman ».

■■■■■ CAMUS, PRÉCURSEUR DU « NOUVEAU ROMAN » ?

Nous avons examiné en quoi Meursault, différent des personnages de roman traditionnel, pouvait avoir des points communs avec ceux du « nouveau roman ». La fréquence, mais surtout le caractère gratuit, voire dérisoire des descriptions, font aussi de *L'Étranger* un précurseur du « nouveau roman ». Alain Robbe-Grillet étonna ou amusa les lecteurs en décrivant, dans *Les Gommes* (1953), un quartier de tomate jusque dans ses moindres pépins ; mais cette description était due à un regard (celui de Wallas, le narrateur) et traduisait ainsi son hébétude devant le monde. Le rythme de *La Jalousie*, du même Robbe-Grillet (1957), où la plupart des chapitres commencent par un « Maintenant » qui donne le sentiment d'un temps décousu, privé de cette orientation qu'on trouve d'ordinaire dans les intrigues traditionnelles, s'apparente également à celui de *L'Étranger*. Dans un autre roman de Robbe-Grillet, *Le Voyeur* (1955), on note chez le personnage principal, Mathias, une attention aux détails qui semble la marque d'un esprit un peu borné. Quand il dit : « Vu l'état neuf de l'engin loué, d'une part, et d'autre part son fonctionnement irrégulier, il était difficile de dire que cela fût bon marché ou cher[1] », on croit entendre Meursault, dont l'une des expressions favorites est : « dans un sens... dans un autre » ?

Les « nouveaux romanciers » reconnaîtront leur dette envers *L'Étranger*. Mais alors que dans les romans de Robbe-Grillet notamment le monde paraît « chosifié » d'un bout à l'autre, Meursault au contraire, en se révoltant à la fin, lui donne un sens. On pourrait dire qu'après avoir été longtemps un personnage de « nouveau roman », il accède à une dimension humaniste. A la lumière de cette conversion, mais aussi de la fatalité qui paraît avoir en fin de compte organisé l'intrigue, les moindres descriptions prennent rétrospectivement un

---

1. Alain Robbe-Grillet, *Le Voyeur* (Éditions de Minuit, 1955, p. 169).

sens : ainsi s'avise-t-on que le matériel d'écriture, auquel Meursault est si longuement attentif (p. 54), et avec lequel il va écrire la lettre pour le compte de Raymond, est le début de l'engrenage qui le conduira à sa perte. A ceux qui lui prêteront des recherches formelles, Camus dira, à propos de *La Chute*, qu'il s'est contenté d'adapter la forme au fond. De même, dans *L'Étranger*, le style annonciateur du « nouveau roman » convient-il pour l'essentiel à l'inertie de Meursault. Mais en le pratiquant, Camus veut traduire un état d'esprit et nullement frayer des voies nouvelles au genre romanesque.

▰▰▰▰ L'HUMOUR

Nous entendons par humour une forme d'esprit qui met en valeur le côté absurde ou comique des êtres et des choses sans le souligner, mais seulement en le racontant ou en le dessinant. A la différence de l'ironiste, l'humoriste est impartial : le comique ou l'absurde se trouvant déjà dans le monde, il lui suffit d'en être le révélateur. Meursault est-il lui-même un humoriste, ou traduit-il l'humour de Camus ? La question est, en un sens, oiseuse. On ne peut que se borner à relever des traces d'humour dans le langage de Meursault.

Certaines expressions du roman nous font redécouvrir d'un œil neuf (ou d'une oreille neuve) des formules stéréotypées. Ainsi ceux qui ont connu l'hymne des supporters du RUA où Camus joua gardien de but : « Le RUA oui, oui, oui, le RUA non, non, non, le RUA ne périra pas[1] ! » n'attachent plus d'importance au verbe « périr » : ils ne l'entendent plus, comme il arrive dans toutes les rengaines. Mais quand Camus écrit : « Ils hurlaient et chantaient à pleins poumons que leur club ne périrait pas » (p. 39), « périr » retrouve brusquement son sens, à vrai dire tragique.

Mais, souvent, la vision humoristique de Meursault peut avoir une portée plus grande. Déjà, à l'enterrement, le cérémonial est observé par Meursault avec un tel détachement qu'il prend l'allure d'un rite sans signification réelle, à la limite du ridicule. Ainsi : « Devant le bâtiment, il y avait le curé et deux enfants de chœur. L'un de ceux-ci tenait un encensoir

---

1. Le RUA désigne le Racing Universitaire d'Alger. L'hymne figurait dans le journal du club (archives personnelles de l'auteur de cette étude).

et le prêtre se baissait vers lui pour régler la longueur de la chaîne d'argent. Quand nous sommes arrivés, le prêtre s'est relevé. Il m'a appelé « mon fils » et m'a dit quelques mots. Il est entré ; je l'ai suivi » (pp. 24-25). Séparée du discours religieux qu'elle accompagne, l'expression « mon fils » prend une résonance incongrue. A plus forte raison le procès, entouré d'un cérémonial encore plus compliqué, semblera-t-il dénoncé dans son insincérité par le seul récit de son déroulement.

Toutefois cet humour va diminuant vers la fin du roman. Quand il s'étonne qu'on le tienne à l'écart du procès, Meursault ne se contente plus de décrire un rite bizarre : il en dénonce l'absurdité et l'injustice. Du moins en est-il « gêné » (p. 151). Il ne nous laisse pas découvrir grâce à ses observations que son avocat est « ridicule » : il le dit (p. 159). Enfin, la visite de l'aumônier ne laisse plus place au moindre trait d'humour, car Meursault a compris que, loin d'être sans signification, la comédie dont le prêtre joue le dernier acte est un complot savamment manigancé. Le récit pouvait jusqu'alors faire penser à un conte de Voltaire : nous avons vu dans quelle mesure on pouvait trouver du *Candide* ou de *L'Ingénu* chez Meursault. S'il y a du voltairianisme dans les dernières pages de *L'Étranger*, il est d'une autre sorte : l'intolérance et l'hypocrisie y sont dénoncées (à travers Meursault, mais à peine : on croirait entendre Camus en personne, comme s'il s'agissait d'un pamphlet) ; et elles le sont avec une passion qui ne saurait se plier à l'humour du conte.

▉▉▉ POÉSIE DE « L'ÉTRANGER »

Jean-Paul Sartre observe que, dans de rares moments, « l'auteur, infidèle à son principe, fait de la poésie[1] ». Mais le principe en question n'a jamais été mis en avant par Camus : c'est Sartre qui le lui prête. Aussi, préférons-nous l'analyse d'Alain Robbe-Grillet, qui note que « nous découvrons, de plus en plus nombreuses à mesure que s'approche l'instant du meurtre, les métaphores classiques les plus révélatrices, nommant l'homme ou sous-tendues par son omniprésence : la campagne est "gorgée de soleil", le soir est "comme une trêve mélancolique", la route défoncée laisse voir la "chair

---

1. Jean-Paul Sartre, *Situations I* (Éd. Gallimard, 1947, p. 111).

brillante" du goudron, la terre est "couleur de sang", le soleil est une "pluie aveuglante", son reflet sur un coquillage est "une épée de lumière", la journée a "jeté l'ancre dans un océan de métal bouillant" — sans compter la "respiration" des vagues "paresseuses", le cap "somnolent", la mer qui "halète" et les "cymbales" du soleil[1]... ». A ces exemples on pourrait en ajouter beaucoup d'autres dans les pages qui précèdent le meurtre : le « murmure » de l'eau (p. 92), le « souffle chaud » du soleil (p. 92) auquel répond le « souffle épais et ardent » de la mer (p. 95), et même, à l'instant fatal, le « ventre poli de la crosse » du revolver (p. 95). Un peu plus tôt, les « chaleurs » du corps de Marie et du soleil s'étaient fondues dans une même sensation (p. 83), et c'est en posant sa tête sur son ventre (p. 34) que Meursault a établi pour la première fois un contact physique avec Marie. C'est une fusion pareille à une fusion érotique que vit Meursault quand s'approche le crime, au point d'éprouver une « ivresse » (p. 92) où se perdra toute conscience lucide de son moi.

Meursault n'est aussi étranger à la société humaine que parce qu'il vit en communion avec la nature. C'est en devenant tout à fait marginal qu'il devient aussi le plus pleinement poète. Il n'exprime pas, dans toute la première partie du roman, de sentiments d' « humanité », au sens ordinaire. Nous avons émis l'hypothèse qu'il les taisait peut-être par pudeur. Telle va être son évolution au cours de la deuxième partie que ces sentiments vont, en se libérant dans la révolte pleine d'espoir qui s'exprime dans la dernière page, s'intégrer au sentiment de la nature qui semblait jusqu'alors dominant chez lui. La paix de l'été s'identifie alors à celle de son cœur, et la tendresse du monde rejoint celle qu'il ose exprimer en pensant à sa mère. La nuit enfin n'est pas seulement chargée d' « étoiles » (ce qui ressortirait du sentiment de la nature) ; elle se charge aussi de « signes » (ce qui donne une dimension humaine à la contemplation de Meursault). La grande poésie, disait un jour un critique, résulte toujours de « la fusion des sensations naturelles et des émotions morales ». C'est à cette fusion qu'accède Meursault à la fin de L'Étranger. En prenant pleinement conscience de lui-même, il devient aussi un poète.

1. Alain Robbe-Grillet, Pour un nouveau roman (coll. « Idées », NRF, p. 71).

ÉLÉMENTS DE BIBLIOGRAPHIE

Toutes les éditions de *L'Étranger* actuellement disponibles en France sont publiées aux éditions Gallimard :
— Édition originale (collection « Blanche »), achevé d'imprimer le 15 juin 1942. Très nombreuses rééditions.
— Dans Albert Camus, *Théâtre, Récits, Nouvelles*, avec une préface de Jean Grenier et des notes de Roger Quilliot, Bibliothèque de la Pléiade, Éd. Gallimard, 1962.
— Collection « Folio », première édition en 1971. Réédition avec une pagination légèrement différente en 1990. C'est à cette réédition que renvoient nos références.

■ OUVRAGES CRITIQUES

Ouvrages généraux sur Camus
(par ordre chronologique)

— Morvan Lebesque, *Camus par lui-même* (coll. « Écrivains de toujours », Le Seuil, 1963). Documents iconographiques.
— Jean Sarocchi, *Camus* (PUF, 1968).
— Jacqueline Lévi-Valensi, *Camus* (Garnier, 1971). Recueil de jugements.
— Alain Costes, *Albert Camus ou la parole manquante. Étude psychanalytique* (coll. « Science de l'homme », Payot, 1973). Voir notamment, dans la 2e partie, « Le cycle de l'absurde », le chapitre 3 : « De Meursault à Camus ».
— Paul A. Fortier, *Une lecture de Camus : la valeur des éléments descriptifs dans l'œuvre romanesque* (Klincksieck, 1977).
— Herbert L. Lottman, *Albert Camus* (traduit de l'anglais par M. Véron) (Le Seuil, 1978). Bibliographie monumentale, irréprochable dans le détail.
— Roger Grenier, *Albert Camus. Soleil et ombre. Une biographie intellectuelle* (Gallimard, 1987). Sans doute la meilleure approche, à ce jour, de l'homme et de l'œuvre.

Études particulières sur *L'Étranger*
(par ordre chronologique)

— Jean-Paul Sartre, *Explication de « L'Étranger »* (février 1943), recueillie dans *Situations I* (Gallimard, 1947, pp. 92-112). La plus célèbre étude du roman. Définit la modernité de *L'Étranger* comme celle d'un roman de l'absurdité.
— Robert Champigny, *Sur un héros païen* (Gallimard, 1959).
— M.-G. Barrier, *L'Art du récit dans « L'Étranger » d'Albert Camus* (Nizet, 1962, rééd. 1966).
— Pierre-Georges Castex, *Albert Camus et « L'Étranger »* (José Corti, 1965). Des aperçus littéraires intéressants, mais surtout une genèse détaillée du roman.
— Brian T. Fitch, *Narrateur et narration dans « L'Étranger » d'Albert Camus* (coll. « Archives des Lettres modernes », Minard, 1960, rééd. 1968).
— *Autour d'Albert Camus. Autour de « L'Étranger »*, textes réunis par Brian T. Fitch (dans *La Revue des Lettres modernes*, 1968). Voir notamment l'article de Jean-Claude Pariente, « L'Étranger et son double », et celui de René Girard, « Pour un nouveau procès de L'Étranger ».
— Brian T. Fitch, *« L'Étranger » d'Albert Camus* (Larousse/Université, 1972). Le meilleur outil pour une approche méthodologique et thématique du roman.
— Marie Naudin, « Hugo et Camus face à la peine capitale », dans *Revue d'histoire littéraire de la France* (mars-avril 1972).
— Christiane Achour, *L'Étranger si familier. Lecture du récit d'Albert Camus* (Alger, A.P., 1984). Une lecture algérienne de *L'Étranger*.

On lira également des aperçus intéressants sur *L'Étranger* dans :
— Camus et la politique, Actes du colloque de Nanterre, 5-7 juin 1985, sous la direction de Jean Yves Guérin (Histoire et perspectives méditerranéennes) (L'Harmattan, 1986).

INDEX DES THÈMES

PROFIL LITTÉRATURE

Imprimé en France par l'Imprimerie Hérissey - 27000 Évreux
N° d'édition : 17370 - N° d'impression : 83569 - Dépôt légal : avril 1999